春潮NOV+

回到分歧的路口

春潮纪实系列

有恨意但
不离婚的
妻子们

夫に死んでほしい妻たち

［日］小林美希 著　阿夫 译

中信出版集团｜北京

图书在版编目（CIP）数据

有恨意但不离婚的妻子们 /（日）小林美希著；阿
夫译. -- 北京：中信出版社，2022.2（2023.11重印）
ISBN 978-7-5217-3454-6

Ⅰ. ①有… Ⅱ. ①小… ②阿… Ⅲ. ①婚姻问题—研
究—日本 Ⅳ. ①D731.381

中国版本图书馆CIP数据核字 (2021) 第 166409 号

有恨意但不离婚的妻子们

著　者：[日] 小林美希
译　者：阿　夫
出版发行：中信出版集团股份有限公司
　　　　　（北京市朝阳区东三环北路 27 号嘉铭中心　邮编　100020）
承 印 者：河北鹏润印刷有限公司

开　本：787mm×1092mm　1/32　　印　张：7.5　　字　数：120千字
版　次：2022 年 2 月第 1 版　　印　次：2023年11月第 4 次印刷
京权图字：01-2021-7543
书　号：ISBN 978-7-5217-3454-6
定　价：49.80 元

前言

2015 年 6 月 25 日，东京地方法院裁定了一起致命伤害案。该案发生在 2014 年，一名 70 岁的女性殴打丈夫（79 岁）并致其死亡。据《朝日新闻》（2015 年 6 月 26 日）报道，该名女性大约在 50 年前（20 岁时）与就职于一家大型银行的丈夫结婚。案发 36 年前，她发现丈夫出轨，但并未就此事与丈夫理论。直到最近，夫妇二人回忆往事时，丈夫觉得时过境迁，向她坦白了当年的婚外情，还提到了与情人结伴旅行、互赠礼物等细节。后来，这名女性在护理胃癌手术后卧病在床的丈夫时，望着病榻上的丈夫，脑海里不断浮现他 36 年前的背叛。终于在某一天，她再也无法按捺心中的愤恨，将丈夫殴打致死。

2012 年 2 月 24 日，《每日新闻》晚报专栏"忧乐帐"登载了一篇题为《搜索"丈夫"这个词》的文章。内容大致如下：若将"丈夫"一词作为关键词输入搜索引擎，自动显示的第一个关联词是"去死"。网上对此事议论纷纷。但是，如果输入"丈夫"的对应词"妻子",最先显示的关联词却是"礼物"等比较积极、充满善意的词语,可谓天壤之别。对此,专栏文章的结论是:丈夫若不抛弃"我家里没事儿!"这种毫无来由的自信,与妻子保持良好关系的话,很可能真的会落得"去死"的下场。

读这篇文章时,我并没有多想。可是,我在有关劳动雇用及育儿问题(这是我将倾注毕生精力的事业)的采访中,目睹了一直轻声细语说着"我丈夫""我老公"的采访对象,一旦打开心扉、畅所欲言后,会突然在某一个瞬间,怒气冲冲地称自己的丈夫为"那浑蛋"。并且,虽然程度不同,但受访者无一例外地有过希望丈夫"去死"的念头。至此,我才意识到,这是一个极度值得关注的问题。

恰巧在那时,我听说了开篇提到的那起案件。最近,媒体上也常有妻子杀死丈夫、妻子殴打丈夫的报道。

当然,真正杀死丈夫的行为和抱有"希望丈夫去死"的念头不能相提并论。然而,到底是什么原因,迫使妻子们产生了这样的想法?如能追根溯源,天下所有的夫妇之间,可能都有着相似的问题吧。

我想再听听曾经采访过的妻子们的心声。

*

"真希望我丈夫去死——"

拥有良好的婚姻关系、深爱着自己丈夫的妻子们，就算丈夫卧病在床也不离不弃的妻子们，无法从失去丈夫的痛苦中解脱出来的妻子们，听到这句话，肯定会惊愕失色吧。

有人可能会反驳："既然都这样想了，干吗不离婚呢？"要知道，在某些情况下，有些女性想离婚却离不了，而认为"只要丈夫去世，问题就能解决"的女性比比皆是。采访中，我对这一点感触颇深。追根溯源，就业问题是关键，一系列社会问题是导致妻子们希望丈夫去死的核心。

时移世换，今天的日本却依然保留着经济高速增长时期形成的就业环境和社会保障体系。其中，女性"结婚离职"是最具代表性的现象，后果集中体现在家庭和婚姻中的夫妻关系上。

本书的第一章至第三章为采访记录，主要从妻子的视角，探究丈夫惹恼妻子的原因。这三章与我迄今为止的写作风格略有不同，文中尽量原封不动地转述了受访者的原话，希望能尽量真实地呈现受访者的心声。

不顾妻子怀孕照常去喝酒，不愿给孩子换尿布，早上送孩子去托儿所、下午却借口加班不去接孩子，丈夫诸如此类让妻子动怒的行为数不胜数。丈夫们也许会惊讶："啊？就因为这点小事？"但妻子们心生杀意的瞬间，恰恰潜藏在日常生活的鸡毛蒜皮之中。如果丈夫一直视而不见妻子的不满，一心只等退休后安享晚年，那么，凉透了心的妻子心中积压多年的怨恨就终将爆发。

本书第四章从男性的角度思考，指出丈夫无法按妻子所愿做家务、照顾孩子的原因在于严苛的职场环境。第五章介绍了该如何不让妻子心生"希望丈夫去死"的怨念。

阅读本书的夫妇，以及即将步入婚姻的准夫妇，你们真的觉得"我家里没事儿"吗?!

contents

目录

第一章

育儿的磨炼！
爱意成为杀意

育儿假的陷阱

——38 岁，公司职员

逃离"战场"的丈夫

"干什么呢你 ?! 够了，你去死吧 !!"

早上 7 点半，东京都内的一所公寓里，妻子怒斥丈夫的吼声将客厅变成了战场。

急着出门上班的七濑美幸（化名，38 岁）一边着急地用手挠着头，一边在心里盘算：得赶快给 3 岁的儿子和 1 岁的女儿喂完早饭、换好衣服，如果 8 点还不出门，去托儿所就要迟到了。更准确地说，是自己上班就要迟到了。美幸看了看表，时间不等人，可偏偏这时，儿子闹起了情绪，嘴里嚷着："就不吃，就不吃——"自顾自玩了起来。可是，不能让孩子不吃早饭就去托儿所呀。

美幸平静了一下，开始扮演起温柔妈妈的角色。"不用全都吃，吃一点点就好哦。"然后，她温柔得有些夸张地把勺子伸向儿子："来，乖。啊——"儿子终于吃了一口，又吃了一口。"哇，好棒哟！"孩子每吃完一口，美幸都忙不迭地送上赞美。

好啦，能吃一口是一口吧。赶紧换衣服！

3岁的儿子已经完全可以自己换衣服了，可他就是不自己动手。不但不自己动手换，美幸的手刚碰到他，他就转过身子，哧溜一下跑没影了。美幸心想：跑得还挺快。一抬头看见儿子躲在窗帘的阴影里，正冲着她嘻嘻怪笑。唉，就是这种时候，天真烂漫的孩子看上去活脱脱像个小恶魔。美幸觉得自己额头上的青筋在不断暴起。

——不行，不行！如果这时候冲他发火，他一哭就更出不了门了。

忍！一定要忍住。

"快来，乖乖，我们快把衣服换上。"美幸追着儿子，把他身上的睡衣扒下来，换上了去托儿所穿的衣服。下面该妹妹了……正想着，刚换完衣服的儿子突然大喊："臭臭要出来了！"紧接着，女儿打翻了牛奶杯，衣服、地板顿时湿漉漉的一片。

"哎呀！怎么搞的嘛！"

丈夫逃进了厨房。现在是视而不见、跑到厨房洗碗、给自己泡茶的时候吗？！他假装没看见！

想到这儿，美幸心里升起了一股实实在在的杀意。

——你洗个屁呀！眼前明明一团糟，看不见吗？就不能收拾一下吗？现在喝什么茶?!快来帮一把啊!!

当着孩子们的面，美幸不好发作，只能把这些话硬生生地咽了下去。丈夫从单身的时候起，就是个"茶痴"。无论红茶还是绿茶，泡茶的水温必须精准，而且，泡茶的时间也要用秒表计算。孩子出生前，下班后喝上一杯如此精心泡制的茶，总会让美幸满怀欣喜。"可有了孩子以后，总不能还像以前那样优哉游哉吧?"每次一这样想，美幸就忍不住烦躁起来。不知道丈夫是没发现美幸的烦躁，还是假装看不到，反正，他躲在厨房里没出来。先处理儿子拉在裤子里的大便，还是先清理女儿弄洒的牛奶？

"赶紧过来帮我一下啊!"美幸冲丈夫喊道，但只得到一声慢悠悠的回答："稍等一下啊!"

就在这一瞬间，控制情绪的那根弦"砰"的一声断了。此刻，什么都无法阻止美幸进入战斗模式。"够了！你去死吧!!"话一出口，美幸感到心里有什么东西剥落了。自己已经不爱这个人了。不爱，是理所当然的。美幸坦然地接受了这个想法。两个孩子看着突然发飙的妈妈，目瞪口呆。

毋庸置疑的双薪家庭时代

采访与我同龄的美幸时，我突然想起了一个老广告。于是，和美幸兴致勃勃地聊了起来。

"金鸟衣橱防虫剂，金鸟衣橱防虫剂，只要老公还在世，不回家也没啥事。"

这是我们小时候的广告吧？那时，日本夫妇的婚姻生活还挺美满的嘛。

"现在可不一样喽。妻子们恨不得丈夫去死呢。"美幸苦笑着说。

这句"金鸟衣橱防虫剂"是"金鸟"（大日本除虫菊株式会社）1986年推出的衣物防虫剂广告。经济的高速发展，使"公司职员加全职主妇"成为主流家庭成员构成模式。广告中，一群中年主妇在社区居委会上齐声高唱："只要老公还在世，不回家也没啥事。"广告诙谐滑稽，盛传一时。

美幸在一个典型的"公司职员加全职主妇"家庭长大，父母都属于团块世代[1]。美幸从小对未来的规划，就是结婚生子。不过，与母亲不同的是，结婚生子后，美幸并没有辞去广告公司的工作。美幸将这份工作视为天职，一边育儿，一边打拼事业。

"金鸟衣橱防虫剂"广告语流行的年代，妻子作为全职主妇的家庭模式成为主流。我们来看一下"在职丈夫与无业妻子组成

---

[1] 团块世代：指1947—1949年间出生在日本"婴儿潮时期"的一代人。他们是"二战"后出生的第一代，构成了日本战后巨大的"人口团块"。他们经历了物资极为匮乏的童年，自幼习惯竞争，吃苦耐劳，充满了重振日本的使命感。（如无特殊说明，本书注释均为译者注。）

的家庭"(以下称为"全职主妇家庭")和"夫妻双方在职家庭"(以下称为"双薪家庭")这两种家庭模式的发展趋势。总务省的《劳动力调查》(2001 年前称为《劳动力特别调查》)显示,1980 年,日本全职主妇家庭的数量为 1 114 万,几乎是双薪家庭(614 万)的两倍。20 世纪 90 年代,两组数据均有波动,至 1997 年完全逆转。此后,双薪家庭的数量逐年增加。2014 年,全职主妇家庭的数量下降为 720 万,而双薪家庭上升至 1 077 万。很快,双薪家庭成为日本主流家庭模式(图 1-1)。

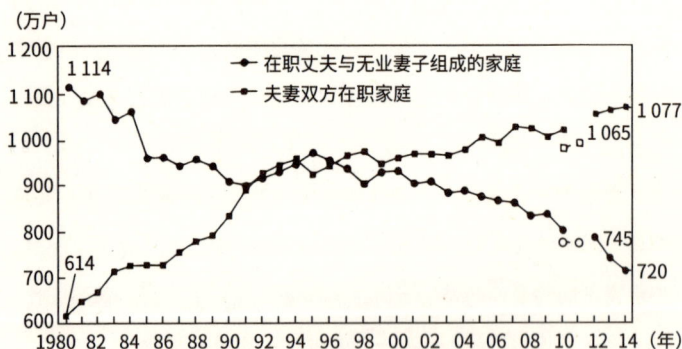

图 1-1 全职主妇家庭与双薪家庭的发展趋势

※ 全国数据,不包含 2010、2011 年岩手县、宫城县和福岛县的数据

资料来源:内阁府《男女共同参与白皮书》(2015 年)

关于就业原因,很多女性的回答是:迫于经济压力,不得不考虑外出工作。实际的调查结果也显示,现今日本的经济状况导

致男性工作不稳定，经济压力确实是夫妻二人均外出工作的原因。然而随即出现了这样一种论调：一旦身为人母的女性外出工作，不是因为家庭经济压力，而是因为自己"喜欢工作"，就会被视为"自私"——作为女性、作为母亲不该有的"自私"。

自 1986 年《男女雇用机会均等法》颁布以来的 30 年里，越来越多的女性希望能够按照自己的意愿持续工作。根据日本劳动组合总联合会进行的《第三次孕妇歧视调查》（2015 年 8 月），针对"工作或在家育儿"的问题，回答"如有可能，希望一边工作一边育儿"的女性受访者超过半数，占 51.4%；回答"迫于经济压力，不得不一边工作一边育儿"的女性受访者占 36.9%，此数据较之前有大幅度上升。想要生儿育女的这一代人，认为生育后继续工作理所当然（后文详述），但现实的情况却是 60% ～ 70% 的女性在生育第一个孩子后就失业了。由此可以推断，应该有更多的家庭是希望夫妻二人都能够外出工作的。

与美幸同样边育儿边工作的职场女性，今天所处的社会环境，与她们父母当年的完全不同，由此也导致了她们与父母之间巨大的观念隔阂。许多长辈不了解现今的职业女性因怀孕、生育和育儿在职场遭遇的各种困境，看着与"金鸟衣橱防虫剂"的美好旧时光截然不同的世界，他们会感到极度的困惑和沮丧吧。

从幸福美满到产后危机

美幸怀孕期间，她和丈夫都沉浸在无比的幸福之中。美幸的丈夫总是喜形于色地冲着她的大肚子说："快点儿出来哟。"他对美幸百般呵护，嘱咐美幸"不要提重东西"。去超市买东西时，连一个购物袋都不让美幸拎。因为怕美幸跌倒出意外，绝不让美幸爬楼梯，到哪里都先找电梯。他还绅士地帮美幸开门、让美幸先走。路上哪怕只有一个小小的台阶，他都会马上伸手搀扶美幸。

啊，那时候我多么幸福啊！

可是，突然有一天，对我无微不至的丈夫消失不见了。为什么现在一想起他，脑海里浮现的只有"混账，去死，浑蛋！"呢？生完孩子后，我心里的怨恨一天比一天多，他却毫无察觉。我发过脾气，也向他抱怨过不知多少次，可他依然我行我素，丝毫没有改变。

倍乐生公司"培养下一代研究所"以 300 对夫妇为调查对象，进行了《第一次怀孕、生育和育儿的基础调查／跟进调查》（2006—2009 年纵向调查）。从调查中"头胎出生后夫妻感情变化"一项的数据结果（图 1-2），似乎可以窥见美幸内心的变化。

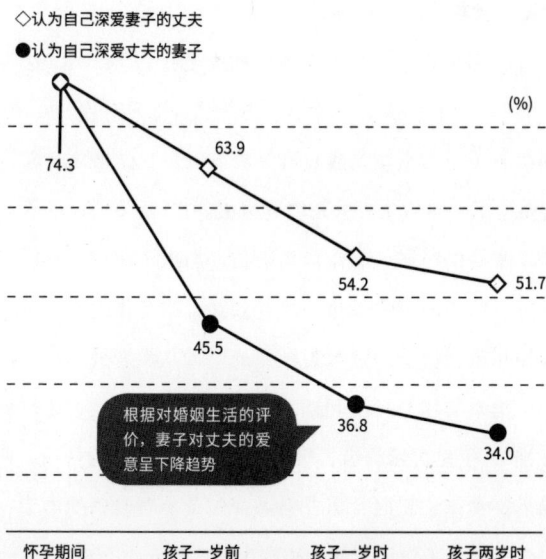

◇认为自己深爱妻子的丈夫
●认为自己深爱丈夫的妻子

(%)

74.3

63.9

54.2   51.7

45.5

36.8

34.0

根据对婚姻生活的评价，妻子对丈夫的爱意呈下降趋势

| 怀孕期间 | 孩子一岁前 | 孩子一岁时 | 孩子两岁时 |

图 1-2 对配偶的感情变化

资料来源：倍乐生公司"培养下一代研究所"《第一次怀孕、生育和育儿的基础调查／跟进调查》（怀孕至孩子两岁速报版）

该项调查结果显示，怀孕期间双方均"深爱对方"的夫妻占 74.3%，但孩子出生后，夫妻间的感情发生变化，妻子对丈夫的爱意急剧下降，孩子一岁之前，认为自己"深爱妻子"的丈夫占 63.9%，"深爱丈夫"的妻子占 45.5%。孩子一岁时，比例下降，丈夫占 54.2%，妻子占 36.8%。孩子两岁时，丈夫的比例降至 51.7% 后，无继续下降的趋势，但妻子的比例持续下降至 34%。

这一现象，被称为"产后危机"。

不过，怀孕期间"深爱对方"的夫妻仅占74.3%，这说明即便尚未生产，每四对夫妻中就有一对并非"深爱对方"。

回想对美幸的采访，我总有一种感觉：从结婚之日起，美幸心里就萌生了"希望丈夫去死"的想法。

美幸单身的时候，工作极为繁忙。加班至深夜，不得不在办公室里过夜的情况时有发生。尽管如此，在工作之余，美幸依然积极参加相亲联谊会，也轰轰烈烈地谈过几次恋爱。在一次商业合作中，美幸与初恋再次相遇。两人都认为他们的重逢堪称"命运的安排"，于是再续前缘，很快进入了谈婚论嫁的阶段。两人搬到一起后，美幸加班时，男友会做好饭菜等着晚归的美幸；节假日时，美幸因为工作太累偶尔睡到中午，男友也会洗衣服。可是，这种幸福没能持续下去。因为无法忍受两人几乎没有相处的时间，男友提出了分手。他对热衷工作的美幸说："现在一心扑在工作上没问题，可结婚以后，我希望你能待在家里。想工作的话，就随便找份兼职做做。"28岁的美幸，陷入了失恋的剧痛之中。

美幸的父母是战后出生的一代人，属于团块世代。他们从美幸小时候就灌输给她"女人必须在30岁之前结婚生子"的观念……失恋后，美幸算了算自己的年纪，觉得"就算从现在开始谈恋爱，也根本来不及在30岁之前结婚"。于是，她不再谈恋爱，只是一门心思地工作。有一天，公司里一位大美幸9岁的前辈称赞她说："工作干得不错嘛!"以此为契机,两人经常在半夜加班结束后相约去喝酒,边喝边聊工作,很是投机。一来二去,他们自然而然地发展成了恋人关系。虽然平时经常加班,周末也要工作,但美幸一想到自己工作的时候男友也在工作,就非常开心。于是,赶在"结婚最终期限"到来的前一年,29岁的美幸踏入了婚姻的殿堂。

可是,登记结婚的时候,美幸和男友发生了争执。

结婚前日的争执

"我和我丈夫的年龄相差很多,在我父母和周围的人看来,结婚后我改从夫姓理所当然。可在填写结婚申请表的时候,我突然想:为什么必须是我改姓呀?太不合理了!"美幸说。听她的语气,似乎直到现在也还是不能接受这件事。

本该洋溢着幸福的一刻,他们两人却像站在北极圈内,身边呼啸着寒风。

"为什么是我改姓?我不想改。要不你改吧!"美幸说。

听到美幸的话,她的丈夫跳了起来:"什么?女人冠夫姓天经地义!你想让我当倒插门女婿吗?我怎么跟我父母交代?"

美幸震惊了。

"女人改姓天经地义吗?再说,我完全没有让你倒插门的意思呀。"

争吵愈演愈烈，可第二天就是婚礼。

美幸心想："早知道这个男人肚量这么小，就不结婚了。"但是当时已经没有退路了。"算了，只要30岁之前能把婚结了就行。以后找个理由离了，还能重新变回自己的姓。"美幸妥协了。

美幸的丈夫除了在姓氏问题上与她有分歧，总体来说，善良温和，也很支持美幸工作。美幸虽然改了夫姓，但也只需更改工资卡的账户名，其他时候依然沿用着婚前的姓氏。"暂且OK吧。"美幸度过了一段岁月静好的日子。

怀孕期间丈夫照喝不误

美幸很想要孩子，但每晚都坐最后一趟车下班回家，想要孩子不太现实。而且，"我想尽快离婚。为了能干脆利落地离婚，我决定婚后两年之内不要孩子"，美幸说。不过，两年之后，美幸渐渐觉得能和丈夫过下去了。于是，她去妇产科做了检查，买了排卵检测的药，开始留意起自己的排卵期。积极备孕被列入了美幸的生活日程。

这就是所谓的"妊活"（有意识准备怀孕、生育的行为）。明治安田生活福祉研究所2013年的一项调查显示，日本20～30岁的女性中，80%的已婚女性和60%的未婚女性均经历过妊活（《第七次结婚及生育调查》)。

34 岁时，美幸成功怀孕。她享受着初为人母的喜悦，同时也开始对丈夫心生怨恨。

怀孕后，美幸推掉了所有酒会，也尽量不参加工作上的饭局。当然，也有实在推不掉的应酬。如果不便向对方讲明自己怀孕，美幸会假称感冒，拒绝喝酒。可是，有些"油腻大叔"和爱喝酒的人，完全意识不到美幸委婉的暗示，常常说着"那正好喝杯酒消消毒嘛"之类的话，继续劝酒。每每这时，美幸都左右为难。其实，美幸生性好酒，在酒桌上一向豪爽，拒绝喝酒对美幸来说并非易事，但为了肚子里的孩子，只能强忍。另外，美幸上班时一直都是短裙、高跟鞋，现在考虑到"受寒对胎儿不好"，便换成了长裤和低跟鞋。

美幸为了孩子，方方面面都在努力克制，但她的丈夫却还像以前一样，下班后照喝不误，甚至经常喝酒喝到第二天凌晨才回家。美幸心里的不满一点一点累积，终于化为愤怒。

"我也想喝酒、想跟朋友聚会啊！你自己没事人一样地去喝，太过分了！"

丈夫总是用陈词滥调回应美幸的愤怒：

"你也在同一家公司上班，怎么就不懂呢？这不是为了工作嘛！我不去参加酒会，被降了级，你开心呀?!"

孩子很快就要出生了，美幸别无选择，只能在心里暗骂：

"卑鄙无耻！"她内心的怨恨越积越多。

美幸每次去做孕检，姓氏引发的问题都让她情绪低落，完全感受不到即将成为妈妈的喜悦。因为健康保险证上写的是户籍上的名字——用了夫姓，所以每次被叫到的时候，美幸总觉得"这不是我的名字"，心情瞬间变得烦躁。而如果恰好叫到与美幸婚前姓氏相同的人，她便常常错以为是在叫自己，不由自主地往检查室走。"要不改成事实婚姻[1]吧！"美幸向丈夫建议，可丈夫说："那孩子不就成私生子了吗？多可怜啊！"

"装腔作势！假正经！等着瞧，孩子一出生，我就跟你离婚！离婚！"美幸生气地想。

在日本，人们普遍认为"婚姻＝有孩子"，奉子成婚的现象也逐日增加。越来越多的人因为想保有自己的姓氏，同时认为办理结婚手续没有意义，而选择事实婚姻。事实婚姻正逐渐得到社会的认可。针对这一现状，地方政府把选择事实婚姻的夫妻登记为"未登记结婚夫妻"，此类案例正逐年增加。除税制外，"未登记结婚夫妻"与"登记结婚夫妻"在社会保险、养老金上享有同等权利。不过，在事实婚姻中出生的孩子，只能被视为非婚生子女。直到2013年，日本最高法院判定民法中"非婚生子女继承遗产时只享受婚生子女一半的权利"的规定违反了宪法后，2013年

---

1 事实婚姻：没有结婚登记，但实际上像夫妻一样生活，即有实无名的婚姻。

9月5日起，非婚生子女与婚生子女才享有同等的遗产继承权。

美幸当时并不了解这些更改，也无法反驳丈夫。于是，改为事实婚姻一事不了了之。

由于妊娠反应严重，美幸吃不下东西。丈夫虽然嘴上说着"不能代你受这份罪，真是抱歉"，可转过头就端起碗，坐在美幸身边吃得津津有味。美幸受不了看着他吃，就让他在外面吃了晚饭再回来……丈夫倒是在外面吃了，可回来时连一个便当也不给美幸带。她跟丈夫抱怨说自己很饿，他却说："你不是什么都吃不下吗?!"确实如此，可问一句想吃什么总是可以的吧？美幸盯着丈夫，狠狠地说："一个馒头引发的血案可是很恐怖的！"他这才急忙起身，慌慌张张地跑出门去买饭。

怀孕后期，美幸的肚子明显变大。丈夫的兴致突然高了起来，一有空，就趴在美幸的肚子上，和肚子里的孩子聊天。如前文所述，他还总担心身子日渐笨重的美幸跌倒，因此处处小心照顾。那段时间，美幸和丈夫看上去犹如书中描绘的恩爱夫妻一般。美幸觉得，这样下去，说不定以后真能和他组建一个幸福美满的家庭。

可惜好景不长，期待很快就破灭了。

虽有丈夫陪产，但仍感觉独自经历了分娩过程

考虑到头胎分娩的辛苦及风险，美幸希望丈夫能够陪产。

要求丈夫陪产还有一个原因：如果他不了解分娩的痛苦，就不会理解女人的辛苦，那么，孩子出生以后，他自然不会帮着照顾。

不料，当美幸开始阵痛，被推进产房的时候，她的丈夫慌得手足无措。看着疼得像野兽一样大喊大叫的美幸，他不知是被吓着了，还是怕自己碍事，远远地坐在产房一角，一动不动。直到助产士招呼他，他才走过来，在助产士的指导下帮美幸揉腰。但他的按揉丝毫不能缓解疼痛，美幸心烦意乱地冲他喊了一声："走开！"他立刻如获大赦般走出了产房，直到孩子的头露出来后才回来。分娩的整个过程中，美幸丝毫没有感受到丈夫的陪伴与安慰。孩子，是她"一个人"生出来的。

因为奶水很好，美幸选择了完全母乳喂养，但没有想到母乳喂养的各种问题接踵而来。她每天要给孩子喂 10～15 次奶，孩子就像黏在身上似的。美幸以前听说过，每三个小时要给孩子喂一次奶，可她不知道，每个孩子的情况不一样。她的孩子每隔一个小时就大哭一次，要抱到怀里，把奶头塞进他嘴里，他才会安静下来；夜里，也要每一两个小时喂一次奶。由于睡眠不足，美幸终日昏昏沉沉，疲惫不堪。

母乳喂养具有诸多优点，不仅能帮助母亲与婴儿建立良好的母子关系，而且母乳营养丰富，易于消化吸收。虽然奶粉和母乳的营养成分几乎相同，但奶粉中无法添加母乳中的免疫物质。已有研究证明，母乳喂养 6 个月以上的婴儿，生病的概率会大幅度降低。另外，新生儿脑神经突触的发育在出生后 6 个月内达到高峰，而吸吮乳头有助于下颌发育及智力发展。因此，美幸一边给孩子喂奶，一边尽量多和孩子讲话。

孩子出生后，美幸的丈夫因为工作繁忙，经常不在家。分娩对女性体力消耗极大，产后需要坐月子。如有可能，这期间应尽量躺着不动，最好只专心照顾婴儿，不做任何家务。孩子出生前，丈夫答应会休育儿假，帮美幸做家务，但最终却未能休假。美幸既要照顾孩子，又要做家务，睡眠不足与疲劳过度几乎让她精神崩溃。虽然吃的比生孩子前多两三倍，可美幸还是迅速消瘦，体重骤减了 10 公斤。

丈夫拒绝岳母帮助

有研究表明，10% 的女性会在产后患上抑郁症。而最新研究结果显示，近 20% 的丈夫在妻子生育后也会患上抑郁症。美幸没能逃过产后抑郁的命运。

"再这样下去，就要抑郁了。"疲惫不堪的美幸向自己的母亲求救，请她来帮自己一把。美幸的母亲马上赶来，并住了下来。没想到，以前一直对岳母客客气气的丈夫突然态度大变，不断地指责岳母，"不要用这个盘子""别洗衣服"，还对美幸抱怨道："你妈什么时候回去啊？赶紧让她回去吧。"也许是不愿与岳母照面吧，最后，他竟然连家也不回了。

"让我妈回去？那你做家务？你能早早下班回来吗？"

丈夫对担心自己、特意赶来帮忙的母亲恶语相加，美幸自然不高兴。除了不高兴，她不知不觉中还生出了一丝恨意。美幸偶尔去家附近的便利店买东西，碰巧被丈夫看到，他说："瞧，你妈不在，你自己不也能行嘛。"听着丈夫的冷言冷语，美幸心想："总有一天，我会跟你离婚！""助产士都说了，如果产后过度劳累，等年纪大了，身体会出各种毛病，最好能让自己的父母来帮一把，可你却完全不顾我的死活！"

在日本国立社会保障及人口问题研究所 2013 年的《第五次全国家庭动向调查》中，针对"妻子寻求帮助的对象"，"遇到产后及育儿困难时"向"父母"求助的女性占比最高，为 46.9%；向"丈夫"求助的占 37.8%。在"工作日白天""第一个孩子一岁前""第一个孩子三岁前"等需要长期帮助的时段，首先向"父母"求助的女性占 50%～60%，寻求"丈夫"帮助的不超过 20%。由此可见，在这个国家，若无自己父母的帮助，女性既很难养育孩子，也很难出门工作。

"性别角色"助长了"应由妻子休育儿假"的观念

美幸夫妇为究竟该由谁来休育儿假争执不断。孩子出生在 5

月，虽说第二年4月就能上托儿所，可上托儿所之前应该由谁照看呢？美幸热衷工作，无法想象自己休一整年的假，计划"最多休息半年就回去上班"。她问丈夫能否"休六个月或一年的育儿假"，丈夫以"会被炒了""会被降职"为由，拒绝了。

"公司不是有个20多岁的同事休了两个月的育儿假吗？为什么他能，你不能？"美幸追问道。"40多岁的人能和20多岁的人相提并论吗？"丈夫挑起争执。"哦？那你觉得就该女人休育儿假，对吧?!"美幸毫不示弱地反击。丈夫恼羞成怒，蛮不讲理起来："我的收入减少了怎么办？你养我？""如果我因为休假被降级，对你有什么好处？"

若只论工资，美幸的丈夫因为年长，挣的自然比她多。美幸虽然满腹怨言，但在现实面前无力争辩，于是向公司申请了一年的育儿假。

从1996—2014年日本休育儿假或产假的男女比例来看，女性从49.1%上涨到了86.6%，而男性仅从0.12%增加到了2.3%。

造成这种情形的原因，当然与职场缺乏对"男性休育儿假"这一合理事实的理解有关，但男女之间的工资差距，才是问题根源。

据日本国税厅《民间工资实际情况统计调查》（2014年），男性年平均工资为514万日元，女性为272万日元。若按工作年限细分，在工作30～34年（最高工作年限）的情况下，男性年平均工资为 739 万日元，女性为 401 万日元。男性工作 5～9 年后，收入迅速超过女性，年收入可达 456 万日元。

产假/育儿假期间的工资并非全额。休假日开始后 6 个月内，月工资为休假前的 67%，半年后降为 50%（仅支付一年）。对全家经济仅靠自己工资支撑的男性来说，收入大幅度减少后果很严重。因此，男性休育儿假的确有一定的困难。

最终，美幸休了育儿假。看着可爱的宝宝一天一变似的慢慢长大很有趣，但过着全职主妇生活的美幸还是陷入了"性别角色"的泥淖。

性别角色，是指按性别划分社会角色。职业女性在休产假期间的生活转为全职主妇模式，丈夫对妻子全职主妇的角色很快习以为常，即便妻子产假结束、回归职场，做家务和育儿的工作仍继续由妻子一人承担。

东京都内一家托儿所的所长，多年来接触了很多双薪家庭的父母。他说："从某种意义上讲，若妻子休育儿假，丈夫的生活就会变得非常轻松。男人一旦习惯了轻松自在，便无法接受妻子返回职场后家庭生活的巨大变化。

"大多数妈妈在每年的 4 月份重返职场。起初，做爸爸的都很配合，经常接送孩子。到 5 月初的连休为止，夫妻间的关系出乎意料地好。可是，等孩子渐渐适应了入托生活，丈夫会产生'自己不再帮忙也没问题'的错觉。

"另外，很多夫妻生育的年龄恰逢男性事业的上升期。爸爸们常被公司委以重任，工作时间难免变长，加班的日子越来越多，酒会也参加得越来越频繁。不堪重负的妻子们会在6～7月间爆发，闹离婚是常有的事。夫妻两个人需要在产假/育儿假期间，就划分好各自在家庭中承担的职责。妻子重返职场之后，夫妻二人也应该相互配合，一起分担家务和育儿工作。"

照顾孩子是在为家做"贡献"吗？

托儿所所长说得一点不假，美幸产后身体恢复之后，像以前一样承包了所有的家务。她的丈夫过着天天桌上有热菜热饭，早上出门有人送，晚上回家有人等的生活，满足之情溢于言表。节假日里，他会元气满满地大喊一声："为我们家做贡献喽！"然后，劲头十足地和孩子玩、帮美幸做家务。可美幸觉得"贡献"这个词，怎么听怎么刺耳。

——为家做"贡献"？这种人，也许和喜欢当全职主妇的女人结婚更好吧……

不过，丈夫为家做贡献的说法，倒是提醒了美幸。

她开始给丈夫创造为家做贡献的机会。美幸想出去换换心情的时候，就把孩子交给他，可每次出门不到一个小时，丈夫就打来"夺命连环call"求救，让她赶快回家。独自出门的美幸，像医生和护士一样，随时待命。尽管美幸出门前已经把奶挤好放在冰箱里了，丈夫只需要热一下，喂给孩子就好，可他还是抱怨说："孩子不喝呀，一直哭个不停。"吃惯母乳的孩子，确实不喜欢用奶瓶喝奶，但美幸为了让孩子习惯奶瓶，常把奶挤进奶瓶里喂给孩子，孩子习惯后，用奶瓶喂就再没遇到任何问题。美幸怀疑丈夫喂奶的方法不对，让他当着自己的面给孩子喂奶。丈夫紧张地把奶瓶伸到孩子嘴边。"哎！你连一句'很好吃哟''来，张嘴，啊——'都不说吗？"她开始训练丈夫如何给孩子喂奶。

经过多次练习，丈夫终于会给孩子喂奶了，可孩子一到他怀里就不停地哭闹。美幸打算一个人出去时，丈夫总是可怜巴巴地央求："孩子哭得不行呀，我一个人带不了啊！""你把孩子带上吧！"说着说着，好像马上要哭出来了。

——唉，孩子是我一个人的吗？

"啊——算了算了……"从那以后，就算是周末丈夫休息的日子，美幸出门也用婴儿背带带着孩子。

去托儿所接孩子才更难得

孩子开始吃辅食后，美幸心中对丈夫的杀意，随着自身的焦虑与日俱增。这个年龄段的孩子，总喜欢抓父母碗里的饭吃，于是，美幸给自己做的饭菜也尽量口味清淡，接近婴儿食品。一家人围在桌旁吃饭，孩子自然也会伸手去抓丈夫碗里的饭菜。美幸的丈夫不顾孩子，吃意大利面必放辣椒酱和胡椒，吃乌冬面必撒辣椒粉。每次美幸都会生气地想："这人怎么这样?!"谋杀亲夫的案件在她的脑海里频频发生，可这，仅仅是她"希望丈夫去死"的序幕。

产假结束后，美幸回到了职场。这时等待她的，是孩子入托后的困境。很多孩子由于不适应陌生的环境，上托儿所后很容易生病，父母必须做好准备。孩子入托半年之内会频繁发烧、感染各种传染病。在雨季和夏季，咽结膜炎（游泳池热）、手足口病、疱疹性咽峡炎盛行；从初秋到冬季，则有呼吸道合胞病毒、流感和诺如病毒，防不胜防。孩子一旦染病，就不能送去托儿所。因此，父母一方必须请假在家照看孩子。

4月，美幸的孩子上托儿所的第三天就高烧38度。丈夫扔下一句"你在家照顾孩子"就出门上班了，似乎这样的安排理所应当。幸好，美幸刚刚回归职场，工作还未进入正轨。于是她吞下怨气，向公司请了假，带着孩子去了医院。

美幸的孩子不喜欢上托儿所。每次送到托儿所，他都抱着美幸，哭叫着"妈妈"，不愿她离开。美幸利用公司的"育儿短时工作制"，将工作时间缩短到最低限度，每天只工作6个小时，下午4点半准时下班，去托儿所接孩子。美幸单身时，每天都加班至深夜，坐最后一趟车回家，现在完全不同的工作状态让她极不适应，她甚至会因为天还亮着就要离开办公桌而深感内疚。不过，到托儿所以后，看到孩子高兴地喊着"妈妈"，扑过来紧紧抱住自己，美幸沉重的心情能得到些许缓解。

美幸在"刚满一岁、可爱得不得了"的孩子和热衷的工作之间左右摇摆、心绪复杂。在职的母亲和在职的父亲，有了孩子以后本应面对相同的生活，可育儿的重担却往往只压在母亲、压在女性身上。比如孩子发烧了，托儿所会自然而然地先给美幸打电话。为什么不优先联系孩子的父亲呢？做父亲的从没经历过突然接到托儿所电话时的恐慌。

另一方面，"几乎所有照顾孩子的事情，都是我做的，但政府机关寄来的所有跟孩子相关的文件上，都写着孩子爸爸的名字"。每次看到信封上的收信人姓名，美幸就气不打一处来。

孩子定期体检、日常各项琐事，全是美幸请假。丈夫只在美幸需要提早上班的时候偶尔送送孩子，平时完全撒手不管。可他仅凭偶尔送一下孩子，就自诩"超新好爸爸"。虽然如今送孩子去托儿所的爸爸越来越多，但接送孩子基本上还是妈妈的职责。

前文提到的日本国立社会保障及人口问题研究所提供的《第五次全国家庭动向调查》中，"对夫妻间家务和育儿分工调查"的结果显示，妻子平均每天做家务的时间在工作日为280分钟，在节假日为298分钟。妻子承担的家务分工比例高达85.1%。按不同年龄段来看，相当多的妻子承担着100%的家务：29岁以下的占 10.7%，30~39 岁的占 17.1%，40~49 岁的占 23.8%，50~59 岁的占 23.5%。在几乎所有年龄段的妻子中，承担 90%~99% 家务的约占 40%（图 1-3）。一周做 1~2 次家务的丈夫，最常做的家务为"扔垃圾"（40.6%）和"日常购物"（36.6%）。

同一份调查还显示，妻子分担的育儿工作比例为 79.8%，丈夫为 20.2%，夫妻承担的育儿工作内容差异极大。在一周照看 1~2 次孩子的丈夫中，"和孩子玩"是最常做的工作（87.5%），其次是"和孩子一起泡澡"（82.1%）。真是"捡便宜"呀！在丈夫承担的育儿工作中，占比最少的是"托儿所等接送"（28.4%）。

这样的现状让美幸极为愤慨："在固定的时间送孩子去托儿所，这谁都能做到，但高效率地把工作做完、在不加班的情况下去托儿所接孩子，才更难得。"

每次看到托儿所前接孩子的父亲，美幸心里便涌起对丈夫的怨气。"有小朋友的爸爸去接孩子了呢。"美幸会旁敲侧击地向丈夫表达不满，不料，他竟满脸不屑地说："那人是做什么工作的呀？这么清闲。"美幸心想：你这种人，怎么不去死?!不过，马上又在心里纠正自己：不能这么想，不能这么想！就算是这种人，好歹也是个帮手。忍，一定要忍！

不同年龄段的妻子分担家务比例

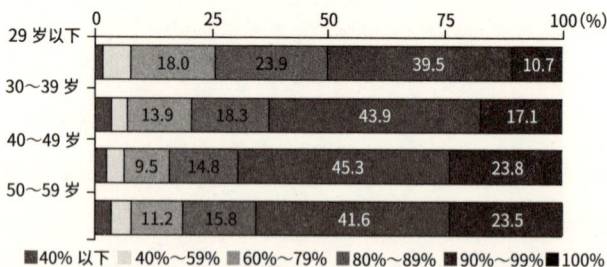

	0	25	50	75	100 (%)
29 岁以下		18.0	23.9	39.5	10.7
30～39 岁	13.9	18.3	43.9		17.1
40～49 岁	9.5	14.8	45.3		23.8
50～59 岁	11.2	15.8	41.6		23.5

■ 40% 以下　□ 40%～59%　▨ 60%～79%　▦ 80%～89%　▓ 90%～99%　■ 100%

一周做 1～2 次家务的丈夫分担不同家务类别的比例

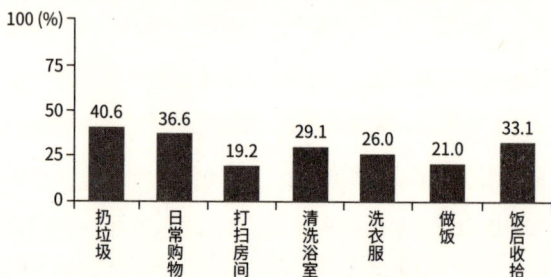

扔垃圾	日常购物	打扫房间	清洗浴室	洗衣服	做饭	饭后收拾
40.6	36.6	19.2	29.1	26.0	21.0	33.1

一周照顾 1～2 次孩子的丈夫分担不同育儿工作类别的比例

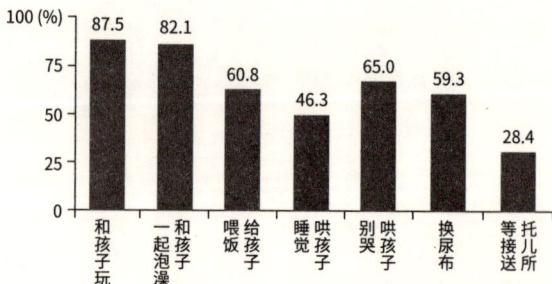

和孩子玩	一起泡澡和孩子	喂给孩子饭	睡觉哄孩子	别哭哄孩子	换尿布	等接送托儿所
87.5	82.1	60.8	46.3	65.0	59.3	28.4

图 1-3　丈夫与妻子家务／育儿工作分担比例

资料来源：日本国立社会保障及人口问题研究所《第五次全国家庭动向调查·结果概要》（2014 年 8 月 8 日公布）

因买房出现转机

美幸与丈夫渐渐没有了夫妻生活，因为在美幸眼里，丈夫已失去了性别特征。但她很想再要一个孩子。

"我已经有一个孩子了。离婚后再婚的话，带着一个孩子，想和再婚对象生孩子很难。如果想要二胎，只能和现在的丈夫生。"

于是，美幸想方设法与丈夫同房，并如愿怀上了二胎。这下，什么时候离婚都没问题了！美幸虽这样想，可看着年龄还小的儿子，感觉自己一个人肯定搞不定。照顾两个孩子更让人手忙脚乱，超乎想象。女儿出生以后，儿子因为嫉妒，比以前更黏妈妈。美幸去上厕所，他都要跟着。甚至，美幸给女儿喂奶的时候，他也要趴到妈妈胸前咂巴几口。他不管做什么都要妈妈帮忙，缠得美幸时常顾不上女儿，可丈夫只是袖手旁观，非但不帮忙，反而笑嘻嘻地说"妈妈最好啦"，怕麻烦似的一个劲儿把孩子往美幸身边推。美幸几度濒临崩溃。

> 最近，我没喝过一口热汤、没吃过一口热饭。吃饭的时候，给儿子喂一口，给女儿喂一口，就像老燕子，把食物衔回来喂到一只只小燕子嘴里。自己的事情总是排在第二、第三位。我都想不起来自己上次好好吃一顿饭是什么时候。
>
> 唉——吃烤鱼要一根一根挑刺，太费时间，所以好久都

没吃了。好想吃烤鱼啊——啊，真想细嚼慢咽地吃一碗糙米饭。30分钟就行，让我一个人什么都不想地待上一会儿吧。好想慢悠悠地读一张报纸，慢悠悠地泡个澡，消解消解一天的疲劳。好想好好洗洗头，而不是一边用眼睛瞟着孩子，一边匆匆忙忙地用洗发水把头发搓搓、三下两下冲干净完事。我也想去剪头发，还想喝杯热腾腾的现磨咖啡。唉，可要是不小心把咖啡洒在孩子身上，那就危险了。所以，喝不了哇。

想想自己带孩子的日子，也太便宜我丈夫了！不是吗？等我丈夫过了45岁，就不能贷款买房了。所以，我们买了一套公寓。

"按照团体人寿保险的规定，贷款人一旦去世，所有的贷款都不用偿还。这可比离婚划算多了。"听到银行有关还贷的说明时，美幸猛然意识到，自己竟如此真切地盼望丈夫的死亡。理财规划师悄悄地对美幸说："我不好在您丈夫面前说，可您丈夫很可能会走在您前面，所以，尽量多贷款，尽可能延长还款期限比较划算哟。"这很可能只是银行的销售技巧，但美幸心里一下子变得无比明朗轻快："还有这样的操作啊！"

虽然都是日常生活中鸡毛蒜皮的小事，但这些小事让夫妻间的感情日益冷淡，愈离愈远，远到彼此间的距离无法测量。微不足道的小事一天天积累，终有一天，妻子会在内心真真切切地希望丈夫去死。

找个差不多的人结婚

——41 岁，系统工程师

理想的生活是只有孩子的生活

"希望丈夫去死的想法，我对朋友说不出口。毕竟，这种想法不道德呀。"

片山志穗（化名，41 岁）如是说。志穗与前文提到的美幸一样，贷款买房时，真切地感受到了自己希望丈夫去死的想法。究竟为什么希望丈夫死呢？"也许因为性格不合，从一开始就不喜欢他吧。反正，我和他完全无法沟通。"志穗说。

志穗向我打开了心扉：

我有一个比我小一岁的妹妹，她的性格比较叛逆，20 岁就结了婚，没几年又离了婚，成了单亲妈妈。她常说："谁需要丈夫？再婚？怎么可能！我才不想过被丈夫束缚的生活呢。"妹妹的朋友中，离婚的也不在少数，所以"离婚不是很正常吗"成了她的口头禅。我妹妹一个人带着孩子回到娘家，日子过得悠哉乐哉。也许是"不需要丈夫"的论调听多了，结婚以前，我一直很渴望"没有丈夫，只有孩子的生活"。

但是，日本社会不接纳未婚妈妈，事实婚姻也不常见。整个社会的氛围还是"不结婚，就不能有孩子"。我本来不想结婚，但觉得作为一种经历，结个婚也行。就这样，没有慎重考虑，稀里糊涂地结婚了。

志穗大学毕业后，入职一家知名杂志的编辑部，由于采访工作困难重重，颇受打击。她考虑再三，决定转行从事与IT有关的工作。于是，志穗白天上班，晚上去夜校进修相关课程。为了获得工作经验，她甚至以无偿工作为条件，入职了一家IT公司。一段时间之后，凭着在这家IT公司积累的经验，志穗跳槽到了一家媒体公司。目前，她的职位是系统工程师。

与经济适用男闪婚

每天加班加点干活、坐最后一趟车回家、一心扑在工作上的志穗, 35 岁那年, 开始担心"卵子老化"。

近年来, 各类电视节目、各大报纸, 经常讨论"女性过了 35 岁怀孕困难"的话题。

日本妇产科医学会将年龄超过 35 岁的产妇定义为"高龄产妇", 高龄产妇生育风险极高。随着年龄的增长, 原始卵泡数量会减少, 导致怀孕概率降低, 即使怀孕, 也可能出现染色体异常的情况, 加大流产概率。另外, 高龄产妇更易出现心脏、血管类疾病, 导致流产和早产。如果患上妊娠高血压综合征, 甚至有死亡的危险。东海大学医学院客座教授杉俊隆在《不孕症学》一书中指出, 虽然日本孕妇的平均流产率仅为 15%, 但流产的概率会随年龄的增长逐渐升高: 35 岁时为 20%, 40 岁时为 40%, 42 岁时上升到 50%。医学上也将女性 35 岁之前界定为"最佳生育期"。

晚婚导致晚育。根据厚生劳动省的《人口动态调查》, 在第二次生育高潮(1971—1974 年)结束后的 1975 年(恰巧, 我也在这一年出生), 男性平均初婚年龄为 27 岁, 女性为 24.7 岁; 女性生头胎的平均年龄为 25.7 岁。2014 年, 男性平均初婚年龄为 31.1 岁, 女性为 29.4 岁; 女性生头胎的平均年龄上升至 30.6 岁。此外, 35 岁以上生育的女性约占 30%, 几乎是 20 年前的 3 倍。

以上信息引起了公众的关注。志穗不禁想:"自己年龄也不小了, 是不是该结束一个人的生活了? 如果想要孩子, 越早生越好吧? 年龄越大, 作为女人的价值就会越来越低吧?"

正当志穗有这些想法的时候，她遇到了大学时的男友。男友大志穗两岁，是个很无趣的人。不过，志穗觉得和这个人过日子倒没有什么问题，最重要的是，他应该不会阻止志穗婚后继续工作。上大学的时候，学理科的他成天闷在实验室里，不喝酒也不读书，什么爱好也没有，非常"经济适用"。看上去老老实实、不发脾气不抱怨的"理科男"，不是最合适的结婚对象吗？志穗想。

"我们结婚吧？"

一拍即合，两人闪婚。志穗36岁，丈夫38岁。

因为年龄、因为想要孩子而步入婚姻的人不在少数。根据内阁府《关于婚姻及家庭结构的调查》（2014年），未婚女性的"结婚理由"中，"想要孩子"占比最高。至于"开始积极准备结婚的年龄"，44%的女性为"30～34岁"，占比最高，其次为"25～29岁"（31.3%）；男性占比最高的年龄为"30～34岁"（40.9%），其次为"35～39岁"（28.7%）。认为"结婚和恋爱不同""碰上合适的人就结婚"的，男女约各占50%。

丈夫如同不中用的下属

志穗明白，因为和丈夫未经热恋就步入婚姻，"我们的关系从一开始就很冷淡"。不过，既然已经结了婚，就趁能够申请到最大减免贷款税的时候，先把房子买了吧，志穗在心里盘算。

丈夫虽然赞成结婚后买房，但将买房的具体琐事全都推给了志穗。新婚生活对志穗来说，繁忙且压力重重。

买怎样的房子？买在哪里？对比不同区域、不同类型房子的价格，事无巨细全是志穗独自搞定。看房也是志穗在工作日里见缝插针，一次次抽空看的，丈夫只是看看样板房，说一句"哦，不错！"完事。志穗问他有没有仔细看，他自鸣得意地说："上网看了。"这可是一生中最重要的一笔支出啊！"哎！你能不能跑一跑呢？不实地去看、去问，根本不可能了解实情呀！"面对丈夫，志穗心里充满了无力感。

最后，志穗在豪宅林立的东京23区找到了一栋售价7 000万日元的房子，并赶在减税申请过期前买了下来。以防万一，志穗只用丈夫的名义做了抵押贷款。他购买过团体人寿保险，一旦死亡，贷款便不用偿还。志穗以"放在一个人名下比较简单"为由，将10年固定利率的房贷放在丈夫名下，孩子的教育经费和教育基金则放在了自己和孩子名下。此外，生活费从丈夫的工资中支出，自己的收入直接转入银行存款。回想起当年的这些决定，希望丈夫去死的想法，似乎在那时就已经潜藏在志穗心里了。不过，恨意不只来自房子。"我丈夫比我大两岁，但他就像一个不中用的下属，丝毫没有行动力。磨磨叽叽，根本就不是个男人。"

生活中的他，干啥啥不行。有一次，要把家里一件不用的家具锯开扔掉，我让他去锯，他却站在那里"哎，哎"地一个劲儿叫我。"这点事就把他给难住了？"我过去一看，果不其然。他一脸为难地望着我说："锯不开呀。""把锯子给我！"我接过锯子，轻易地就锯开了。

"这不就好了吗？怎么这么没用！"

气得我血管都要爆了。

类似的事情举不胜举。他有驾照，却从不开车，因为要面子，绝不承认是他开车技术不行。如果我提议开车出去，他就以"开车要是出交通事故就糟了"为由，拒绝开车。但这样，不就什么事都做不了了吗？不如我自己单独行动。

志穗认为，开车带女人出去是"男人靠得住"的表现，可自己的丈夫既没有对女人说"来，跟我走"的男子气概，也从没让她有过小鹿乱撞的悸动。

即使怀孕也拼命工作

看着身边越来越多的朋友怀孕、生孩子，志穗想要孩子的愿望越来越强烈。她去妇产医院做了孕前检查，发现自己有排卵障碍。于是，志穗开始服用促排卵药物，并且监测排卵时间，终于在 38 岁那年成功怀孕。不幸的是，怀孕 11 周时志穗流产了。得知孩子没了的时候，志穗大脑中一片空白。失去孩子的痛楚，让她比以往任何时候都更想要一个孩子。

备孕的时候，丈夫只是机械地按志穗说的话去做。志穗服用促排卵药后，根据医生的建议，采用了治疗不孕不育的"定时疗法"：医生告知志穗是"这一天"，志穗便和丈夫在"这一天"行房事。虽然志穗很想要孩子，可丈夫在她眼里毫无男性魅力。和丈夫做爱让志穗极为痛苦，她每次都是"什么也不想，静等完事"的状态。

一位夫妻性生活指导顾问指出："不想做爱但想要孩子，因为这个，越来越多的夫妇选择人工受孕以避免和对方发生性关系。"

6个月后，志穗再次怀孕。

怀孕期间，志穗的工作依然非常繁忙。公司同事大多为男性，女性不到10%。志穗每天早上9点上班，每晚乘最后一趟车回家。每个月的加班时间常常累计超过100个小时。以前，曾有一位年近40岁的女性员工未婚先孕，公司就能否允许她休育儿假一事，专门开会讨论，闹得公司上下沸沸扬扬。当时还是单身的志穗没有太过关注这件事。不过，现在自己也怀孕了，志穗不禁担心："会不会拿不到育儿假啊？"尽管心里七上八下，但她还是强忍着孕吐和头晕加班，每天坐末班车回家。

从小要强、越挫越勇的志穗，对丈夫的不满在不知不觉中与日俱增。

"别随便碰我的孩子"

生完孩子出院的时候，是志穗的妹妹开车接他们母子回娘家的。志穗感觉妹妹比丈夫可靠得多。志穗在娘家待了两三个月后，回到自己家里。

志穗的丈夫每天下班回家都很晚。一般来说，妻子都希望丈夫能早点回家，带着孩子洗个澡，多少帮自己一把，可志穗觉得丈夫不在家反倒轻松自在。她不希望丈夫下班回家。

志穗的家是一栋三层小楼。丈夫的房间在一楼，志穗在二楼客厅的地板上铺上被褥，和孩子一起睡。如果丈夫在志穗和孩子玩得正高兴时回来，志穗便满肚子不高兴："别堂而皇之地闯进我和孩子的世界！正玩得高兴呢，真扫兴！"丈夫虽然是孩子的父亲，志穗却想对他说："别随便碰我的孩子。"

日益强悍的妻子

考虑到产假结束后自己要重返职场，志穗在孩子出生前，就已经着手给他找托儿所了。她还咨询了当地政府的有关部门，可是，等待入托的孩子太多了，咨询部门给志穗的答复是："入托很难啊！"好在志穗娘家所在的区域孩子入托相对容易，尽管从娘家到公司要花两个多小时的通勤时间，她还是决定带着孩子搬去娘家。孩子上了娘家附近的托儿所，志穗回到了职场。每天上下班往返4个多小时，可这也是没有办法的事情，志穗想。

如此辛苦奔波的志穗，工资却比丈夫低。为了照顾孩子，志穗缩短了工作时间，收入也随之减少，志穗对此愤愤不平。

"凭什么只因为是男人，就能够维持在公司的职务和地位？就算当着老板的面，我也敢这样说！"

志穗申请育儿缩短工作时间后，公司以她需要照顾孩子为由，不再让她参与重要项目。"真应该让男人像女人一样，边育儿边工作！"义愤填膺的志穗，不禁迁怒于丈夫："为什么那么无能，还那么得意?!"

榊原律师事务所的打越咲良律师（离婚诉讼专家，著有《为何妻子突然提出离婚》一书）亦发出了这番愤慨：

"男性占主导地位的社会是停滞不前的社会。受过高等教育，且有能力的女性，仅仅因为身为女性就被埋没，男性却被抬高身价，收入稳定。"

孩子入托和搬家，都是志穗一个人搞定的。面对日益强大的自己，志穗渐渐心生反感："欸？难道我家里没有男人吗？我简直就是个汉子啊。"

志穗的压力越来越大，她不再对丈夫抱有任何期待。

等他老了以后，我才不照顾他呢！即便现在，他发高烧了，我也不会管。

不过，志穗的丈夫一不家暴，二不借债、花天酒地，更不用担心他会出轨。他和志穗一样，是一位系统工程师，经常加班，每天除了工作顾不上别的，偶尔休息的时候，也只是宅在家里。志穗对丈夫的生活方式非常困惑："这样的生活有什么意思啊？"可不管怎么说，丈夫的人品绝对不坏，收入稳定、性格温柔。不管怎样，没有差到要和他离婚的地步。

"最好，我们的婚姻以他过劳死、周围人同情地说'真不幸呀！'这样的方式终结。"话一出口，志穗马上惊叫道，"哎呀，那我不成了杀人犯？！"

"也许，还是因为我不喜欢他……可现在都有孩子了，得有个人帮我呀……"

关于自己的婚姻，志穗每次都在同样的问题上兜圈子，苦思冥想却毫无结果：如果离婚了，孩子会怎么想？如果不离婚，孩子又会如何看待彼此冷漠的父母？如果决心要离婚，趁孩子还小、不太记事时离了最好吧？

缺席的丈夫

志穗带着孩子住在娘家的时候，丈夫每月来看他们两次，每次都是待五六个小时。丈夫一来，志穗就心情烦躁。她不想见丈夫，见面的时间越少越好，最好能不见就不见。

等以后搬回去，一起生活时该怎么办呢？买房的时候，还没有要孩子的计划，所以没把三室一厅改成四室一厅，现在想起来，真后悔。三室一厅，不够一人住一个房间。等孩子长大后，自己就必须和丈夫共用一个房间。和他一起睡？开什么玩笑！

"反正现在成天忙孩子，没有那方面的需求。即便想和异性有亲密接触，也希望是和别的男人。"

"平安无事地过日子，除了有钱、有房的体面生活，我别无他求。"志穗向生活低下了头。

志穗丈夫的年收入是1 000万日元。志穗如果加班并做全职工作的话，每年的收入也高达800～900万日元。然而他们工作太忙，没有花钱的闲暇。志穗有1 500万日元的个人存款，当然，这笔钱她对丈夫是保密的。房贷是10年固定利率，10年后，利率有可能上下浮动。如果利率上升，是不是该用存款把房贷一次还清？如果那时决定离婚，还是把房子和房贷都给丈夫，存款归自己才好……志穗如此盘算着。

"欸？我真的想离婚吗？"但为什么不离呢？自然是担心离婚后，单亲家庭的环境会影响孩子成长。另外，一旦离婚，跟公司解释起来也很麻烦。所以，志穗虽然总想着离婚，可真要跨出那一步，还是极为艰难。

志穂认为，自己只能和丈夫生孩子。因此，她对自己的生活虽有计划和憧憬，但很多时候不得不将之放弃。结婚与离婚之间，难道没有一个中间状态的婚姻制度吗？类似事实婚姻那样的，接近合法婚姻，却不完全等同于合法婚姻状态的婚姻制度？

1999年，法国颁布了《民事互助契约》（PACS），规定长期一起生活的成年人拥有与婚姻关系中同等的社会权利。之后，法国非婚生子女数量增加，出生率上升。

而在日本，"结婚＝成人"的观念仍然存在。前文提到的《关于婚姻及家庭结构的调查》显示，五分之一的日本人认为"只有结婚才算真正成人"。由此可见，婚姻制度依然具有极高的社会地位。离婚对女性极为不利，这一点将在后文中论述。另外，整个社会环境也不利于单亲爸爸或单亲妈妈的生活。这些问题若不能解决，志穂的沮丧情绪就不会消失。就这样，丈夫死亡成了妻子们摆脱困境的救命稻草。

"什么都不想，就当他不存在，过一天算一天吧。反正对他已经不抱任何期望了。"

这是志穂现在的心态。

和志穂一样，用"就当丈夫不存在"来说服自己的妻子随处可见吧？然而，她们对丈夫心生杀意的瞬间，恰恰就潜藏在这过一天算一天的日常生活之中。

客厅中萌发的杀意

——45 岁，公司职员

丈夫的脚步声引发杀意

啪——嗒，啪——嗒，丈夫的脚步声缓慢地由远及近。

"啊——真受不了！"听到脚步声的一瞬，聪子心里腾起了一股杀意。

居住在神奈川县的川又聪子（化名，45 岁）有一个上初中二年级的儿子和一个上小学五年级的女儿。从儿子上小学开始，聪子每天早晨都忙得晕头转向。

检查儿子的书包，看上学用的东西是不是带齐了；准备女儿上托儿所用的换洗衣服和小毛巾。

聪子非常注重效率，绝不会两手空空地在屋子里走来走去。如果她从客厅走去厨房，一定会顺手拿上要洗的杯子。早晨，聪子从不浪费一分一秒，高效率地准备着孩子和自己出门的东西，可是，耳边却传来丈夫从卧室里慢腾腾走出来的脚步声：啪——嗒，啪——嗒，每当这时，聪子就抑制不住地想杀死丈夫。

"起那么晚，还走那么慢！看到他那副样子，我心里的火腾一下就起来了。"聪子说"腾"这个字时，确实是咬牙切齿的。

我丈夫什么家务都不做。我猜，他本来是打算娶个全职主妇的。其实，我婆婆也有意无意地跟我说过好多次："你还是待在家里比较好。"生孩子之前，我和丈夫在同一家公司工作。他对我说过，希望我婚后辞职。可是他自己业务不行呀！考虑到家庭的开销，他也就改变了态度，对我说："你继续工作吧。"

现在，聪子还在为休产假时自己的所作所为后悔。那时，聪子每天早早起床，为工作忙碌的丈夫准备早餐，还包揽了家里大大小小一切家务。聪子认为自己的勤劳是婚姻生活中所有失败的根源。

妻子工作忙碌导致夫妻关系恶化

休完产假、重返职场后，聪子为了能每天准时下班，申请调到了公司"养闲人"的部门。虽心中不甘，但她极力安慰自己："孩子还小，没有办法。"

公司一位很优秀的男性员工也被调到了"养闲人"的部门。聪子在家里和丈夫聊起这件事时，同情地说："真可怜！"丈夫却轻描淡写地说："真有他的！还真去那种垃圾部门。"丈夫随意说出口的话，刺得聪子的心生痛。

什么？"垃圾部门"？我为了谁，才调去那个部门？为什么有了孩子，男人的工作丝毫不受影响，只有我们女人的事业受损？

我简直要气炸了！

我们公司根本不照顾怀孕和育儿的员工。结婚以后，我曾被调到东北地区工作过一段时间。那里的上司非常歧视孕妇。怀孕后，我因为担心在积雪的道路上开车太危险，向上司提交了变动工作的申请。可他冷冰冰地问我："你能申请到哪儿去？"他的意思是说，没有哪个部门愿意接收一个孕妇。3年后，我调去另一个部门，有次碰巧遇到这位上司，我跟他说我怀上了第二个孩子。不料，他批评我说："你工作怎么这么不上进？"他的话让我大吃一惊，心想：他是这样看我的呀？

在公司里，工作时间受限的员工，特别是要照顾孩子的女性员工，都被迫转到了"养闲人"的部门。

不过，等孩子长大以后，情况会发生转变。

"我以前听说，如果妻子比丈夫挣得多，或是妻子比丈夫工作忙，夫妻关系就会恶化。还真是这样！"

5年前，聪子的工作量突然加大，下班比丈夫还晚，丈夫为此很不开心。两人虽生活在同一屋檐下，却形同路人。聪子没有想到，丈夫竟会嫉妒她在工作上取得的成就。一直以来，他的工作再忙，聪子也没有抱怨过一句，哪怕他去海外出差，聪子也没说过类似"别去"的话。可他竟然……

我儿子通常晚上10点多才睡，但我丈夫为了不让我见到儿子，早早地就把孩子赶上床。儿子在被窝里不停地给我发短信：

"爸爸现在就让我睡觉。今天见不到妈妈了。怎么办？妈妈，怎么办？"

繁忙的工作持续了整整3个月。有一天，聪子紧赶慢赶，晚上9点50分回到了家。家里一片漆黑。聪子把灯打开，发怒道："为什么不让孩子等我回来?!"丈夫立刻吼了回来："我忍你3个月了!!"

"3个月？过去7年，我调到一个可以提早下班的部门，毫无怨言地支持你的工作，你想过我的感受没有？"

孩子生病发烧，几乎都是聪子请假。聪子休完产假，返回职场没几天，一岁半的儿子就因为肺炎住了一个月的院。那段时间，也是聪子跟公司好说歹说请了假，而她的丈夫只休了两天假。聪子因为自己是妻子、是母亲，默默地支持着丈夫的工作，牺牲着自己的事业。按说丈夫应该对聪子感激涕零，可他却因为被上司训斥了一次，就坚决不再请假。他的理由是"老板叫我别老是在公司提孩子"。

聪子不由得也开始怨恨起丈夫的上司来。

在这个世界上，妻子、母亲、女人总是处在劣势。女人是娘，男人也是爹啊！不是吗？我当然知道，在公司里老是提孩子不好，请假太多也可能丢了工作，可如果大家都不出声，这个社会就不会改变。为什么不声讨呢？为什么不改变一下我们的社会制度呢？唉，要是他觉得跟我结婚是他人生中的一大不幸，那也没什么。随便啦。

那次争吵之后，他早上不再早起，晚上，我们也各睡各的房间。我对他厌恶至极，不得不和他一起出去时，在公交车上，我连他坐在旁边的座位上都无法忍受。那种苦闷、压抑的感觉，令人窒息。

冲儿子发火的丈夫

与内心对丈夫的杀意相比，聪子需要面对的更严重的问题，是丈夫和儿子之间的关系。

丈夫非常疼爱女儿，对儿子却总是爱搭不理，还经常冲儿子发火。性情温和的丈夫为什么老是生儿子的气？让孩子收拾桌子，明明可以说："来把桌子收拾一下。"他却大声呵斥："收拾桌子！"全然不顾对方只是一个小孩子。

没事就冲儿子吼，应该算不上虐待吧？不过，我儿子上托儿所的时候，丈夫把他弄伤过三次。

第一次，是儿子上托儿所两岁班的时候。我丈夫把儿子从托儿所接回来后，我发现孩子肚子上有烧伤似的划痕。原来，他把不愿意回家的儿子从托儿所里拖了出来。两岁的孩子啊！即便成年男人不那么用力，拉一下、拽一下，那么小的孩子也够呛。要是再用上力，孩子怎么受得了！

第二次，是他对三岁的儿子发火，说要把儿子从阳台上扔下去。儿子从阳台上往屋里逃，他看也不看，猛地关上了阳台的门。阳台门夹住了儿子的手指。

让我想到离婚的，是他有一次哄儿子睡觉时发生的事。当时，我隐约听到儿子"啊"的尖叫声，随后听见"咚"的一声巨响。然后，一切恢复了平静。第二天早上，儿子像刚下场的拳击手似的，眼睛上有一大块瘀青。

我再也忍不下去了，冲他喊道："你敢再打一次，我们就离婚！"从那以后，他再没打过儿子，但儿子从此开始"讨厌爸爸"。我真不知道我不在家的时候，他会怎么对儿子。所以，我总是悬着一颗心，尽快往家里赶。

为了孩子离婚？

儿子上小学二年级时，在七夕许愿签上写下的唯一愿望，是"希望爸爸对我好一点儿"。那个年纪的孩子，应该有其他各种各样的愿望吧？一想起这个，聪子就忍不住泪流满面。

有段时间，聪子工作很忙，每天都要加班。儿子经常打来电话，哭着说："爸爸又生气了。妈妈，我害怕。"可聪子的工作还没有干完，不能马上回家。她拨通了丈夫的手机，得知是因为儿子不想去补习班，丈夫才动怒的。

聪子的丈夫在电话里抱怨了将近20分钟："你知不知道我多辛苦？我这么尽力，你怎么就不明白？"听着他的絮叨，聪子忍不住想冲他喊："去死吧，你！"可又怕孩子有危险，只好把就要脱口而出的话吞了下去。

"我知道，你很尽力……别吓着孩子。"聪子稳住自己的情绪，尽量用轻柔的语气说。

该不该为了孩子离婚呢？我想过很多次。可是，如果离了婚，我工作一忙起来，就没人陪孩子了。虽说孩子讨厌爸爸，但还是有想和爸爸在一起的时候吧。每次一这样想，我就打消了离婚的念头。

丈夫只是住在同一屋檐下的陌生人

儿子小学六年级的时候，有一天，丈夫突然对聪子说："我不该那样对孩子。以后我会改。"

丈夫向聪子道歉，并反省了自己对儿子的过激举动，包括那次拖拽导致儿子倒在地上的事。他也承认，是看到儿子和妈妈更亲，自己妒火中烧，才那样做的。

从那之后，丈夫不再对儿子发怒了，可儿子心里烙下的恐惧并没有消失。丈夫很疼爱女儿，可女儿也怕爸爸。聪子节假日加班时，女儿打来电话，说："我想吃苹果，妈妈给我削皮。""我丈夫明明在家啊。你看，我女儿是多怕她爸爸呀。"

两三个月后，我丈夫突然又勃然大怒。
"你还喜欢我吗？你是不是讨厌我？"

"我已经这么尽力了，你还要我怎样？"

我不知道该怎么解释，但我明白，他是想和我重新睡在同一间卧室里。

"我知道你现在很尽力，但那个，是我自己感受的问题。"聪子一口回绝。

"男人是不是觉得道个歉、认个错，两个人就能和好如初、如胶似漆？"聪子一脸嫌弃。女人才不吃这一套呢。

他只不过是和我住在同一个屋檐下的陌生人罢了。这么一想，我们之间剑拔弩张的关系也有了转变，变得不好也不坏。特别是最近一年，我们没再一起出门旅游。以后会怎样呢？大概等孩子到了 20 岁，就会分开吧？

那时，我就 55 岁了。

想到离婚挺麻烦，暂时也就不打算离了。现在，我连和他睡同一间卧室都不愿意，将来等他卧病在床、需要护理的时候，我肯定不愿意伺候他。我常想：你工作也好，加班也好，去外面干什么都行，就是别回家，可他还是会回来……

一听到他的脚步声，我就想杀了他。不过，现在我这样想："就当是模拟离婚之后的生活吧。离了婚，不也是什么都得靠自己吗？"这么想着想着，慢慢就习惯了现在的婚姻生活。

Chapter *2*

第二章

『结婚离职』是地狱之门！
全职主妇咒骂的日常

上一章主要记述了一边工作、一边育儿的妻子们的愤怒。还有一些想工作却无法工作的妻子，她们的内心也不平静。本章将重点介绍几位迫不得已成为全职主妇的妻子。

很多女性怀孕后，因遭受"怀孕歧视"而被解雇。即使设法保住了工作，也因为难以兼顾工作与育儿，最终被踢出职场。如果丈夫或者说这世间的男人们，能更主动地承担家务、照顾孩子，也许妻子们就不必辞职……职业生涯被切断的妻子们怨愤难平。

根据日本国立社会保障及人口问题研究所的一项调查，60%的日本职业女性会在生育第一个孩子后失业。这一状况在过去的30年间，丝毫没有改善（图 2-1）。

本章的其他采访对象，也包括一心想成为全职主妇的妻子们，以及没有孩子的主妇。

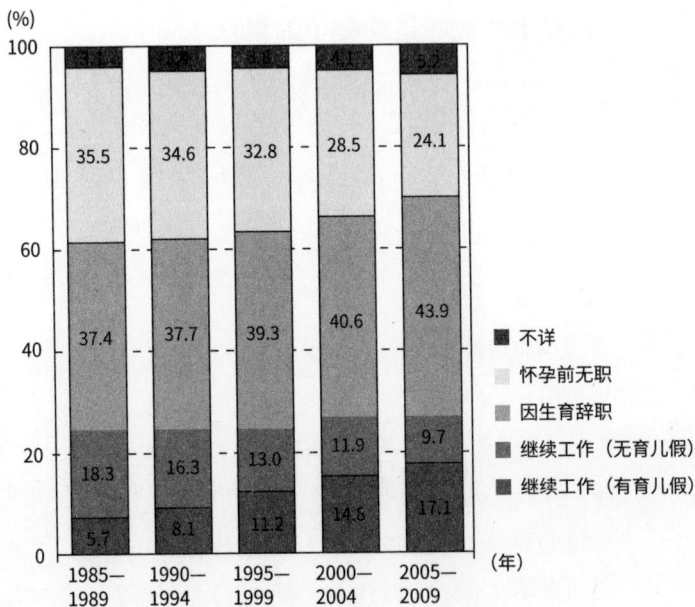

(%)

	1985— 1989	1990— 1994	1995— 1999	2000— 2004	2005— 2009
不详				4.1	5.2
怀孕前无职	35.5	34.6	32.8	28.5	24.1
因生育辞职	37.4	37.7	39.3	40.6	43.9
继续工作（无育儿假）	18.3	16.3	13.0	11.9	9.7
继续工作（有育儿假）	5.7	8.1	11.2	14.6	17.1

图 2-1 生产后女性就业变化情况

资料来源：日本国立社会保障及人口问题研究所《第十四次出生基本调查·全国婚姻及生育调查·夫妻调查结果概要》

职业生涯被断送的妻子的恨意

——46 岁，公司主管

职业女性的苦恼

"自从生了孩子，我就一直在向周围的人道歉。职业女性生养孩子，是件糟糕的事情吗？"

我采访的初衷，是探究职场妈妈在职场中的艰辛。

十几年前，采访职场妈妈时，我遇到了加藤咲子（化名，46岁）。咲子对我说出了上面那句话。

咲子被迫做了几年全职主妇，她一直对此耿耿于怀。咲子的故事，要追溯到 15 年前。

在后续采访中，我了解到咲子对职业生涯被中断的怨恨，这种怨恨逐渐演变成了对自己丈夫（50 岁）的恨意。

大学一毕业，咲子就在一家政府金融机构找到了工作。据说，入职这家机构竞争极为激烈。咲子以出类拔萃的外语水平从求职者中脱颖而出，被公司委以重任，翻译、整理公司与美国联邦储备委员会、英国中央银行等交流活动中有关市场经济情况的调查报告。三年后，咲子调入财务检查部门，被提拔为"财政部负责人"。20岁出头的咲子成了一名不折不扣的职场精英，被猎头公司以年薪1 000万日元为条件，挖去了一家外资金融机构。

咲子在换工作的同时结了婚，婚后很快怀孕。当咲子告诉当时的老板自己怀孕的消息后，老板自然而然地说："那你辞职吧。"现在我们知道这是"怀孕歧视"，可那时是2001年6月。

咲子没有屈服，直接找美方董事长争取到了产假和育儿假，并在休假结束后，于2003年重返职场。不巧的是，在教育机构工作的丈夫那时被调到了外地。咲子的部门要求员工从早上7点工作到晚上11点，她和丈夫的父母都住得很远，帮不上忙，咲子独自一人艰难地平衡着工作和育儿。

身处对育儿女性毫无同理心的职场，咲子向同事们连声道歉，说着"对不起"提早下班；去托儿所接孩子迟到了，向托儿所的老师连声道歉，说着"对不起"接走孩子；对着孤零零等了很久、哭了很久的孩子连声道歉，说着"抱歉啊，我来晚了"，把孩子抱在怀里。这样的生活持续了几个月后，咲子心力交瘁，再也撑不下去了。

正好咲子的丈夫要被派往海外工作一年，咲子以"跟随丈夫"为由，辞了职。

虽然没有调查过究竟有多少女性像咲子一样，因为丈夫的工作调动而辞职，但是根据厚生劳动省《有关育儿假制度实际状况的调查研究报告》（2011年），在最近一次怀孕或生产时辞职的女性，就算是公司的正式职员，也有9.7%的人"因为丈夫的工作地点变动、工作调动等，很难继续自己的工作"（图2-2）。

厚生劳动省《雇用机会均等基本调查》（2012年）的结果显

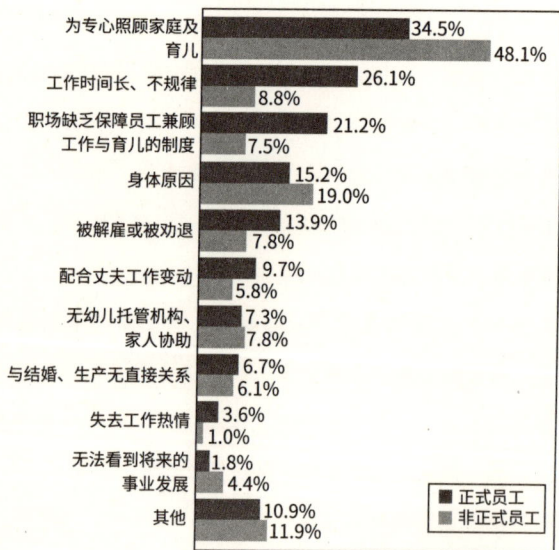

图2-2 在最近一次怀孕/生产时的辞职理由

资料来源：厚生劳动省《有关育儿假制度实际状况的调查研究报告》（2011年）

示，实行"综合职位""一般职位""技术职位"等职位分类管理制度的公司中，57.6% 的公司的"综合职位员工"必须服从全国范围内的工作调动安排。因此受到影响的家庭应不在少数。

年收入锐减三分之二

咲子丈夫的工作调动成了他们夫妻二人命运的转折点。咲子跟随丈夫到了欧洲，开始了全职主妇的生活。渐渐地，丈夫显露出了本性。

看着做家务、和孩子玩的咲子，他感慨道："每天只是和孩子玩玩，真好呀！"

咲子被激怒了："你说什么？对，我现在只是做做家务、和孩子玩玩的全职主妇，可是之前我一边工作一边照顾孩子，那么辛苦，那么拼，最后还是不得不放弃了自己的事业。我的不甘你又知道多少？"

咲子丈夫在海外的工作结束后，咲子一家搬到了丈夫新的工作地——九州。在九州，咲子找不到能发挥自己出众的外语能力和专业知识的工作。人力派遣公司的人对咲子解释说："有小孩，年龄大，都对找工作不利，你只能做时薪 800 日元左右的公司杂务或者快餐店的工作。"通过朋友的关系，咲子好歹在一家私人研究所找到了一份临时工，年收入 300 万日元。这份收入仅仅是咲子生孩子前收入的三分之一。

刚生完孩子，要照顾幼儿的女性很难重返职场继续工作。女性就业率在30岁左右急剧下降，整体发展趋势呈M形曲线。导致这一现象最主要的原因是育儿期间的离职（图2-3），特别是25～45岁的已婚女性就业率占比极低。

一方面缺少"短时工作""居家工作"等灵活的工作方式，同时经济不景气令精英员工也必须加倍拼搏，这些都是导致育儿女性找不到全职工作的原因。根据总务省的《就业结构基础调查》

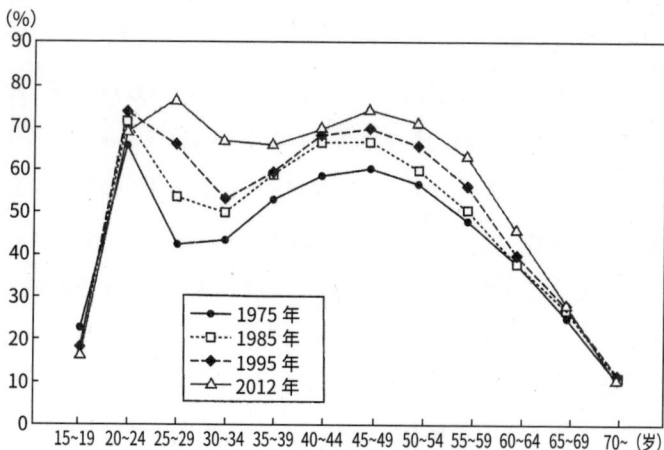

图2-3 不同年龄女性劳动参与率

※ 劳动参与率为劳动力人口（就业者＋完全失业者）中15岁以上的劳动人口比例
资料来源：内阁府《男女共同参与白皮书》（2013年）

（2012年），在结婚、生育等人生重要节点，女性全职正式员工数量少，临时工数量多。不同年龄段女性正式员工在日本职场上的占比如下：20～24岁为52.3%，25～29岁为60.7%，30～34岁为52.4%，以上三个年龄段的占比较高。在更大的年龄段中，女性正式员工的占比下降至30%～40%。而20～24岁的女性临时工在职场上占比较低，为8.2%，但25～29岁的占15.1%，30～34岁的占24.8%，35～39岁的占34.2%，40～54岁的则多达40%。

从该调查中还可以看出，女性员工不容易转行。针对"过去5年转行就业者"的调查显示，转行前为全职正式员工，转行后也依然能够以全职正式员工身份再就职的男性占比近70%，女性却不到50%。也就是说，在女性全职正式员工中，有超过50%的人一旦转行，便会成为非正式员工。

咲子接受了临时工的工作，重新回到职场。6年后，咲子转行进入一家投资咨询公司，终于找到了一份可以继续发展自己事业的工作。这时，距离上一次全职工作已经过去了8年。新公司的工作环境并不理想，但咲子还是咬紧牙关，尽职尽责地做着手头的工作。

"妈咪轨道"的陷阱

2015年，咲子申请到了九州一家上市公司管理层的职位。

"终于可以摆脱'妈咪轨道',回到拼搏的职场生活了。"咲子长舒了一口气。

"妈咪轨道"是能够让女性平衡工作和育儿,但很难升职加薪的工作方式。因此,它也被称为"妈咪专属的事业发展路线"。很多职业女性生完孩子后,不再被公司重用,因为要照顾孩子,不得不缩短工作时间,收入自然也随之减少。面对这样的现实,大量曾在职场奋力拼搏的女性失去了对事业的热情。咲子认为,工作内容、工资和职位至关重要,每一项都是衡量人生价值不可或缺的要素。

终于,我和我丈夫的年收入持平了。我走到这一步,足足花了 11 年。11 年间,我毫无怨言地做着自己力所能及的事,终于迎来人生转机,我心里的感慨,任凭谁都能体会得到吧?不料,我丈夫只是淡淡地说了一句"不错"。不仅如此,他还在来家里做客的朋友面前揶揄我说:"她一直就是个工作狂。"

喂——你这样说未免太自以为是了吧?!

在朋友面前,我极力控制着自己的表情。他继续说:"挣的也比我多喽。在家里可威风呢。"

喂——你真好意思说!我痛苦、纠结、挣扎的 11 年,你没看见吗?

搬到九州以后，我的年收入连 20 多岁时挣的一半都不到，我怨过一句吗？现在，仿佛终于从乌云后面透出了一缕阳光，他却丝毫不了解我内心的感受。

混账！去死!!

一股杀意从我心底涌起，他却完全没有察觉。

我失去了 11 年，他却满不在乎地说："从结果上来讲，不是挺好的吗？结局好就行了嘛。"我的事业被中断了整整 11 年啊，现在换了一个新工作就万事大吉了吗？不！

家务就该女人做?

咲子对丈夫不满，还因为丈夫一面宣称自己热心孩子的教育，一面却把参加家长见面会、参与交通安全助理等费时费力的活动全都推给了咲子，他只在孩子的补习学校召开"三方面谈"会议时，堂而皇之地露个脸。

旭化成住宅公司的双薪家庭研究所从 1989 年起，历时 25 年，对日本双薪家庭进行了调查。调查的总结报告——《30 岁以上男性家务参与意识及实况》（2014 年）显示，丈夫参与最多的家务是"锁房门"（65.6%），其次是"年底大扫除"（53.8%），第三是"买菜"（48.1%），第四是"倒垃圾"（38.5%）……这样的调查结果，真是让人大跌眼镜。此外，"参加社区居委会会议"占

18.1%，在 12 个选项中排倒数第三。在 2008 年的调查中，"收拾饭桌、洗碗"（27.9%）、"帮忙做饭"（22.8%）的占比也非常低。

另外，倍乐生公司"培养下一代研究所"的《第一次怀孕、生育和育儿的基础调查／跟进调查》显示，孩子 0～2 岁时，90% 以上的妻子"几乎每天"都会做饭（包括饭前准备和饭后收拾），而 34%～38.9% 的丈夫"几乎从不"做饭，只有 10% 的丈夫"几乎每天"做饭。

咲子的丈夫坚持说自己"做了一半的家务"，但咲子说："实际上，根本就不是那回事。"他只是在咲子加班或有必须参加的酒会时，在她的"要求"下，每周做两次晚餐，完全不是出于自愿。

除了每周做两次晚饭，加班也好，什么都好，你想做什么就做什么，可我呢？根本不可能心无旁骛地加班。还有，孩子参加运动会，以及寒暑假期间都要准备盒饭，可你一次都没做过。为什么男人从来不做盒饭？不管怎么看，他做家务的比例，最多不超过四成。

说穿了，他就是觉得做家务是女人的事，男人只需要帮帮忙就好。所以，他才会觉得自己分担了一半的家务，做得不情不愿。

这样一想，我就气不打一处来。说实话，他觉得"帮我做了"的家务，做得也不怎么样，做酱汤的时候，只知道往热水里放酱。我真想问问他，知不知道这世界上还有一种东西叫"调味料"？

咲子想再要一个孩子，不过，也不是非要不可。咲子被丈夫那句不知体谅的话（"每天只是和孩子玩玩，真好呀！"）伤透了心，对丈夫的热情也随之消失殆尽。从那时起，他们便不再有夫妻生活。

不如做寡妇

"我的生活里已经不需要丈夫了。"尤其是儿子渐渐长大，长成了一个可依靠的小男子汉后，咲子"不需要丈夫"的感觉变得更加强烈。然而，由于在公司里负责多样性管理工作，咲子下不了离婚的决心——公司大多数员工是男性，女性管理层很少；其中已婚的女性少之又少，而有孩子的，只有咲子一个人。

真希望他能早点死。我成了寡妇以后，社会地位还能高一些。我一个人生活也完全没有问题。

咲子不离婚，也是不想便宜了丈夫。在如今的社会，离婚对咲子的丈夫来说好处多多。她的想法是，就算丈夫在外面找小三也没有关系，但作为交换，必须继续维系婚姻关系，让他履行养家的义务。毕竟，自己在九州被中断的 11 年职场生活，永远也回不来了。

儿子初中二年级时，似乎觉察到了我和丈夫之间的冷淡，有次跑来问我："妈妈，如果你和爸爸离婚了，你一个人养得活我吗？"我笑着对他说："完全没有问题啊。你妈妈我工作这么努力，供你上大学、上研究生都没有问题。把心放到肚子里吧。"

最近，咲子觉得自己越来越不像一个女人。

我越来越没有女人味了，这都是他害的。但凡他靠得住，我也想装装可爱，嗲声嗲气地说："什么？我不懂耶——"偶尔，我也想撒撒娇、被人疼爱呀。这也是为什么，我有了一段婚外恋。

不知是不是因为我的婚姻已经糟糕到了连儿子都担心的地步，几年前，我动了找个情人谈谈恋爱的念头。我渴望一段美好的时光，渴望和一个人一起度过轻松快乐的时间。不过，周围没有合适的人选。所以，每次去东京出差，我都会打电话约前男友出来，两个人吃吃饭，浪漫一下。

咲子的近期目标，是找一个新男朋友。

只有做妻子的被迫改变人生

由于丈夫的工作调动，妻子难以继续自己的工作，这导致了夫妻关系的破裂。

根深蒂固的问题隐藏在刻板观念里——"既然拿着丰厚的工资，自然要服从全国范围内的调动"，这个问题因此并没有引起社会重视。

关注这一问题的庆应大学的樋口美雄教授认为："问题在于，日本男性不知道养育孩子的艰辛，总以为孩子不知不觉间就自己长大了。尤其是一个人被派遣到外地工作的男性，更会产生这样的错觉。男人沉浸在过去的美好时光里，把育儿重任全部推给女性，女性因此心生不满。这一点从过去到现在，完全没有任何改变。

"在美国，公司往往只派遣管理层员工到外地工作。被派遣的员工与家人在赴任地生活一两个星期后，若不习惯，拒绝公司的调动也没有关系。可在日本，普通职员接到一纸调令就必须去往全国任意一个地方，不容拒绝。某些情况下，公司调动能达到培养员工工作能力的目的，也能防止员工与客户关系过于紧密，但是，过度频繁的调动是否真的有益于公司发展、有益于员工的个人生活，现在必须要重新思考与商榷。现在的日本，由于很多女性缺乏赚钱能力，一旦丈夫被调任，妻子就必须'跟随'。"

"男主外、女主内"的思想依然存在，由此导致了男女间极大的工资差距。处于这种不利地位的女性，所经受的苦痛非同小可。

在这种背景下，2014年11月，日本64家地方银行行长成立了"让女性绽放光彩"地方银行行长协会，规定"因配偶调动而辞职的员工（无论性别，但通常为女性），如有继续工作的意愿，可调入配偶赴任地的银行"，于2015年4月开始实施。双薪家庭已成为日本主流家庭模式，要改善工作调动对家庭和个人的影响，除了推广类似的措施，还必须从根本上重新考虑员工调动的意义。

*

不只是"跟随"丈夫的工作调动，当孩子遭遇一些事情的时候，往往也只有妻子不得不做出改变自己人生的决定，比如孩子有残疾或疑难病症的时候。这类情况并不少见。

如果孩子不幸有残疾或疑难病症，大多数母亲的第一选择就是"辞职"。根据厚生劳动省的《雇用动向调查》（2014年），以"个人原因"辞职的女性多至13.9%（男性占8.4%）。这份调查中的原始辞职理由被细分为"婚姻""生育""护理""其他个人原因",但公布的结果仅以"个人原因"统计,并没有给出各个分类的详细数据。因此,公布结果中应包括因孩子残疾或患病而辞职的情况。2011年,日本肢体残疾儿童和智力发育迟缓儿童的数量分别为7.3万和15.2万(内阁府《2015年残疾人白皮书》),由此可见,孩子有残疾或重病的家庭绝非少数。

作为母亲,辞职当然是为了孩子,是不得已的决定,但是内心深处或多或少还是会残留着像咲子那样"事业被迫中断"的感觉。如果社会环境不改变,就不可能兼顾工作和育儿。孩子遭遇意外的时候,为什么辞职的必须是女性?这个简单的问题直击人心。

女儿患病后的家庭危机

——46岁，钟点工

说是丈夫，不如说只是孩子的父亲

居住在东京都内的澄田友里（化名，46岁）在东南亚工作时与丈夫相识，当时，友里的丈夫在一家知名制造业公司工作。

遇到丈夫之前，友里担心自己如果再不结婚，可能就生不了孩子了。认识丈夫后，友里觉得他是个合适的结婚人选，于是两人保持了大约半年的朋友关系，然后闪婚。丈夫任期结束，调回日本时，友里也辞职回到了日本。友里原本打算再去越南工作一段时间，但丈夫对她说："等我升职当了工厂经理，还会被外派的。""公司正在考虑下次派我去中国或加拿大。"（后来，友里发现丈夫只是信口开河。）

结婚两个月后，友里怀孕了。友里和丈夫的关系，说是夫妻，不如说更像朋友，但友里怀孕后，丈夫的态度让她觉得，或许他只是孩子的父亲而已。怀孕后，友里像所有初为人母的女性一样，很担心肚子里的宝宝是否健康。她问丈夫："我会生个健康的宝宝吧？"友里以为丈夫和自己一样紧张，不料他一副漠不关心的表情，满不在乎地说："怎么可能有问题？"就好像友里肚子里的宝宝跟他一点关系都没有。

　　一般来说，妻子怀孕后，夫妻俩一定会在安静、温馨的氛围中谈论这样的话题——"孩子万一有什么残疾，我们也要尽最大的努力，把他抚养长大"，但是，我丈夫从来没有和我聊过这些事情。我时不时会怀疑："这个人关心我肚子里宝宝的健康吗？"也许，他以为只要怀了孕，就能生出健康的宝宝吧？

作为 35 岁的高龄产妇，友里很担心自己的染色体异常。

日本妇产科协会、日本妇产科医师协会的《妇产科诊疗指南》（2014 年）指出，日本大约有 3%～5% 的婴儿出生时身体异常。原因虽然多种多样，但染色体异常约占胎儿患病原因的 25%。

尽管有这样的担心，友里还是一边想象着即将出生的孩子的模样，一边考虑该给孩子起个什么名字。丈夫完全一副事不关己的模样。家庭认知上的差异让友里和丈夫的关系越来越冷淡，友里开始在身体上抵触丈夫，"碰都不想碰这个人"。友里常想：如果能再生一个孩子多好啊！不过，再生一个"这人的孩子"？绝不可能！

独自看护病重的女儿

孩子出生后不久，友里想重返职场，开始在东京找工作。她在位于东京霞关的政府部门找到了一份临时工作后，离开了在北陆地区工作的丈夫，带着女儿回到了东京的娘家。临时工合同期满后，友里曾经就职过的贸易公司向她抛出橄榄枝，提供了一份契约员工工作。以契约员工的身份入职，通常会转为正式员工，机不可失，友里于是开心地回到了老东家。

可是，新工作刚开始没几天，女儿就突然发烧了。友里以为只是感冒，但去了医院后，女儿的状况仍不见好转。"好像不只是感冒。"友里被一种不祥的预感笼罩着，带女儿去了另一家医院。做了超声检查后，发现女儿心脏异常。她们立即被救护车送到有心脏专科的大学医院，几个小时后，友里被告知，女儿患有心脏病。

"想延长生命，必须做心脏移植手术。"

医生的话犹如晴天霹雳。友里强压着震惊，回过神后，脑海里闪过的第一个念头是："这是要和时间比赛啊！哪还顾得上工作？"她拨通了公司的电话，说："从明天开始，我不能去上班了。"

女儿住了院，开始接受各种心脏检查。友里一直在医院陪着女儿，不停地上网查询病情的相关信息。丈夫把一切都推给友里和医生，就算对他说"医生说还有三项检查要做"，他也只是淡淡地回一句："哦，是吗？"

"家里出了这么大的事，他却完全不闻不问。这种老公要他有什么用？"

大学医院的儿科病房晚上9点关门，一位贴心的护士让我悄悄地待到晚上10点。看着女儿入睡后，我依依不舍地离开医院，去超市买菜，然后回家给丈夫做饭。即使是这种时候，他也觉得晚饭是自动从锅里冒出来的。

一天晚上，身心疲惫的友里从医院出来后，给丈夫打了一个电话。

"我现在去超市一趟。"

她希望丈夫说"我自己煮碗面吃就行了"，或者"我就在外面吃吧"，可他在电话里说："那你简单做点儿。"

友里瞬间火冒三丈。

最后，丈夫说："好啦好啦，知道了！以后我会做我力所能及的事。"但是，第二天……

"友里，我有件重要的事情要跟你说。你坐下。"友里的丈夫神秘地说。什么重要的事啊？友里想。"洗发水用完了。"丈夫说。

——哈？神经病啊?!这你处理不了?!

友里在家一有时间就上网查询和女儿病情相关的资料，丈夫却在一边乐不可支地看搞笑节目，边看边说："嘿，这个艺人换发型了，哈哈哈……"

被无视也毫无察觉的丈夫

医院不愿透露女儿还能活多久，心情烦闷的友里跑去另一所大学医院咨询。她缠着医生问"到底还有多长时间"，"差不多半年吧"，医生说。

女儿只能再活半年，可我丈夫却像什么事都没发生一样，下班回来，照常先去洗澡，然后坐在电视机前，一边乐呵呵地看电视，一边等着我做好晚饭。

——真该把你的心脏换给女儿！

友里忍不住这么想。对丈夫的杀意每天都会涌起，一看到丈夫的脸，友里就禁不住厌恶。

"女儿出院后，一定要三个人开开心心地度过孩子余下的时间。"友里虽然这样想，但她已经无法和漠不关心的丈夫平静交谈了。"算了，不想和他说话，就当他是空气吧。"如此决定之后，她和丈夫的交流仅限于最基本的日常事务传达。

6个月后，友里女儿的身体状况基本稳定了。丈夫说："友里，最近你不抱怨了，看来心情不错呀！"面对浑然不知自己被冷漠对待的丈夫，友里沮丧到了极点，内心对他的杀意愈加强烈。

更让友里恼火的，是丈夫在女儿住院期间，没和友里商量就辞职了。以前他虽然提过"想换份工作，想去更有发展前途的地方"，可没想到他从任谁都不会轻易离开的一流公司辞职，去了家附近的一间工厂。

"这是有发展前途的地方吗？"

友里因为整天忙于照顾女儿，已经顾不上丈夫想什么、做什么了。随他去吧，友里心想。

友里从未问过丈夫的收入，直到有一次查预扣税单，她才发现丈夫的年收入仅有300万日元左右。"我工作时的工资，可是他的两倍呢！我当时不辞职就好了。"友里又气又后悔。

友里也考虑过让丈夫当"家庭主夫"，但他照顾不了女儿。他连女儿每天必须服用的治疗心脏病的药，都会忘记给女儿吃。让他倒垃圾，他也会抱怨："为什么让我倒啊？"那一刻，友里只有一个念头："你去死吧！"

你到底能干什么啊？

女儿住院那三个月，我渐渐觉得他"根本就没有资格做父亲"。从那时起，我开始改口叫他"大叔"。现在，女儿也叫爸爸"大叔"。不过，在奶奶面前，我女儿还是很小心的，只是会"大，啊，爸，爸爸"，显得结结巴巴。

我当然想到了离婚，但我不能离啊！因为我清楚，一个人带着生病的孩子，根本没办法出去工作。

做钟点工拯救自己

许多患有心脏病的孩子都怕感染，因此友里照顾女儿非常小心，生怕她感冒。女儿没有间断药物治疗，在她的细心照料下，活过了"生命期限"，一天天长大，到了上小学的年龄。因为不愿周六周日和丈夫同处一室，友里找了一份钟点工的工作，作为逃避丈夫的避难所。曾就职于大型综合贸易公司的友里非常喜欢工作，一想到"又要工作了"，就顿时觉得神清气爽。

不过，钟点工也会有突然要加班的情况。必须加班或开会的时候，能不能把孩子送到课后托管班呢？友里去政府部门咨询，得到的回复是："患有心脏病的孩子不能送到托管班。"

现在，我在一家医疗机构做前台和助理的工作。我女儿放学后去不了托管班，所以我下午一点必须下班。如果我能工作到下午两三点，可选择的工作就会多一些。被托管班拒绝后，这样的愿望成了痴心妄想。你看，这种状况下，我怎么可能离婚呢？

结婚前，就算做临时工，我的时薪也有 1 800 日元。现在，我一个小时只能拿 950 日元，就这我还觉得挺不错呢。我觉得自己好可怜！不过，现在工作的地方能理解我有一个生病的孩子，允许我每周只工作两天，每天只工作三个小时。其他做钟点工的同事，换班、代班大家也都相互帮忙。能有这样一个工作环境，我真的很幸运。

去照相馆给女儿照一张"七五三节"[1]的照片，要花好几万日元。我需要买一辆电动自行车带着女儿去这儿去那儿，可一辆电动自行车要 10 万日元。靠我丈夫的收入根本买不起，我必须自己挣钱。为了省钱，打工之前我总会把饭做好，可丈夫却带着女儿去外面吃，还忘了给孩子吃药。我下班回来，问女儿："今天大叔好好照顾你了吗？"女儿说："大叔一直在睡觉，根本不管我。我一直在自己玩。"

唉，老婆去做钟点工，你都不能照看一下孩子吗？我真的不能安心出门。

虽然内心深处翻涌着"你去死吧"，友里现在依然拼尽全力，一边做钟点工，一边照顾孩子。

---

1 七五三节：日本节日，每年 11 月 15 日 3 岁、5 岁的男孩和 7 岁的女孩会穿上传统服饰，去神社祈福并拍照。——编者注

与追梦丈夫的家庭内战

——39岁，全职主妇

坠入地狱的开始

报纸、杂志和电视节目中，有关阿斯伯格综合征和注意力缺陷及多动障碍的话题越来越多。由于沟通不畅，怀疑"我丈夫会不会得了那种病"的妻子绝非少数。

家住埼玉县的野村贵子（化名，39岁），因为实在无法理解丈夫的言谈举止，曾一度怀疑他患有阿斯伯格综合征。

贵子现在是一名全职主妇。婚前她超负荷工作，每天下班都是赶最后一趟车。她时常疲惫不堪地想："再这样下去，就要累死了。"决定结婚后，贵子担心长期劳累会让自己的身体状况不佳，于是去做了婚前检查，结果发现患有排卵障碍，如果不治疗，很难怀孕。

贵子以结婚为契机辞了职。辞职后大约两个月，贵子竟然自然怀孕了。本打算婚后另外找一份工作的贵子，完全没有做好怀孕的准备。不过，怀孕期间能和许久未见的朋友们见见面、吃吃午饭，日子过得倒也平稳、安宁。

丈夫比贵子大7岁，在一家实力雄厚的公司工作。他不仅勤快，而且性格温厚。贵子本以为自己稳获了"安定股"，可婚后，她才发现自己看走了眼。

"就像坠入了地狱。"这是贵子的开场白。

地狱生活是从贵子怀孕初期开始的。

当时，我因为怀孕满心幸福。有一天，我丈夫突然说要买房，带我去神奈川县见了一位房地产经纪人。那家私营房地产公司的办公室，是从一套公寓中辟出来的一个房间。不仅又脏又乱，还散发着恶臭。我们和房地产经纪人见面后，刚打完招呼，我丈夫就支付了数十万日元的定金。我一头雾水，问他："怎么回事？"他对我说："放心吧，交给这个人，绝对没有问题！他肯定会给我们建一栋好房子的。"之后便不再做任何解释。

我实在不明白，于是在家里四处翻找，希望能找到一点线索，弄明白他到底在做什么。我找到了一本他藏起来的书。原来，他是想买地，然后在买下的土地上建造商住两用房。不久，家里收到了东京都内的房地产介绍资料。我丈夫一边翻看，一边说："走，我们去看看这块地。"

"要盖房的话，是不是从一开始就应该和我商量一下呢？我从来没有说过要住到东京去啊。我妈妈现在一个人住，我想和她住得近一些，我一直都是这样对你说的。你想做什么、想怎么做，能跟我说说吗？"

无论我怎么说，他都当耳边风。我怕他一意孤行，做出不理性的决定，所以他每次去东京看地，我虽然大着肚子，还是会跟着他一起去。

后来，因为孩子出生，四处看地的事暂停了一段时间，可是半年以后，我丈夫又开始看了。我劝他："别去看地了！"或者问他："你究竟要做什么呢？"他只回答"赚钱"两个字。我翻出那本被他藏起来的书，里面写着先盖房，然后用房子做抵押贷款，就可以拥有豪华公寓，赚数亿日元。我丈夫以前炒过股，损失了好几百万，我有一种他要重蹈覆辙的预感。孩子快一岁时，我无意间看到了他写的"房屋建造计划书"，不由得怒火中烧，离家出走了几天。可他根本没有意识到我在生气，竟若无其事地问我："你什么时候回来呀？"

无法阻止丈夫一意孤行

因为买地的事情，我们的争吵逐渐升级，最后吵到了警察上门的地步。但不管怎么吵，第二天他都像什么事也没发生过似的问我："地已经买了，要不要一起去看看新房子的家具？"我看着他，着实在心里倒吸了一口冷气。

房地产公司展示的样屋，一眼就能看出是用便宜货组装起来的。房地产经纪人给我们介绍的二级建筑师，只带来了设计图纸。没有预算，也没有工程计划。房子的地基差不多打完时，停工了。

建筑师的公司破产了。此后，房地产经纪人给我们介绍了另一家建筑公司，可还是让人觉得不靠谱。果不其然，没过多久，这家建筑公司也"蒸发"了。听说是现金周转出了问题。

最终，花了一年多的时间房子才建好。房子在火车站附近，靠近市中心，周围挤满了年代久远的老房子，如果发生火灾，那一片房屋都可能被烧得一干二净。由于地基不稳，火车经过时，房子摇得像发生了 2 级地震。三层楼的公寓，旋转楼梯却没有通到门口，很不方便。因为中途换过建筑商，整栋楼诸如此类的问题随处可见。

我丈夫完全不顾他已经 45 岁，按照银行的建议，贷了本金 5 000 万日元、偿还期限为 30 年的全额贷款。每个月的还款金额是 15 万日元，比原来住的公寓的租金还高。盖好的房子只租出去了两间，每个月能收回 11 万日元的租金，可大多数房间空着，再加上各种维修费，收上来的租金一转手就花出去了。

因为买地盖房的事，我跟他闹过不知多少次，但就算我抱着孩子冲他喊："是我们娘儿俩重要，还是钱重要？"他也一声不吭。

我简直快要被他逼疯了。有一次，我实在忍无可忍，朝墙上打了一拳，结果，墙面马上就破了一个洞。我丈夫虽然不知体惜他人的感受，看到东西被打坏，却心疼得不得了。后来我们的争吵再度升级，两个人扭打起来。我被他推倒在地，刮坏了墙壁，他连看都不看已经倒在地上的我，直接扑过去检查被刮坏的墙。

丈夫患有阿斯伯格综合征？

面对无法理解他人情感的丈夫，贵子开始怀疑他患有阿斯伯格综合征。

阿斯伯格综合征，是"广泛性发育障碍"中一种能力低下的病症，即社交能力、沟通能力、想象力和创造力低下。社交能力低下是指与他人在一起时，不知如何与他人相处；沟通能力低下是指无法将自己的想法传达给对方，无法理解对方的话；想象力和创造力低下的表现为模仿、判断困难，且易拒绝（引自"东京都自闭症协会"网站）。

发育障碍研究专家乌塔·弗里斯认为，阿斯伯格综合征患者的特征为：虽然能够很好地完成固定的行为模式，但是缺乏维系亲密关系的能力；容易在自己感兴趣的事物之中沉迷到无法自拔，在条件允许的情况下，可取得令人满意的成就；无视对方的反应，对自己感兴趣的话题滔滔不绝等（梅永雄二《成年阿斯伯格综合征患者》）。

贵子用杂志上的测试题测了测，认为丈夫可能确实患有阿斯伯格综合征。况且，孩子一岁半体检的时候，医生也初步诊断孩子可能患有阿斯伯格综合征，这更加深了贵子对丈夫的怀疑。

如果丈夫真的病了，那就应该送他去接受治疗。可是，专家也指出，让患者本人接受自己患有阿斯伯格综合征并非易事。

好在进一步的检查之后，排除了孩子患有阿斯伯格综合征的疑虑，加之贵子的丈夫在工作上并没有遇到障碍，这件事就不了了之了。

可是，贵子的苦难并没有结束。由于无法和丈夫沟通，总是鸡同鸭讲，贵子几乎终日处在心情郁闷、萎靡不振的状态里，还经常发烧。贵子常想，自己快被丈夫活活气死了。一年365天，她每天都在想："这混账，怎么不去死啊？"

自己在虐待孩子

慢慢地，贵子无法控制自己的情绪，开始乱扔东西，用头撞墙，虽然去看了妇科和精神科，可还是发展到了把气撒到孩子身上的地步。意识到自己的行为是在虐待孩子时，贵子与丈夫、孩子一起，去了儿童咨询中心。

根据厚生劳动省的调查，日本儿童虐待咨询案件的数量正在逐年增加，2014年为88 931例（初步数据），达到历史最高。其中，"身体虐待""心理虐待"和"忽视"分别占30%，"性虐待"也占到了一定比例。

儿童咨询中心的顾问建议他们搬离那栋房子，但贵子的丈夫以沉默抗拒。最后，他勉强同意了，可他们又遇到了新问题——孩子的幼儿园要怎么选？贵子觉得，孩子从出生那天起就每天面对着吵架的父母，家庭环境太过压抑。孩子上幼儿园以后，至少要让他过得轻松愉快一些。因此，贵子决定选一所尊重孩子的意愿、氛围宽松的幼儿园，但家附近的大部分幼儿园都以升学为目标，孩子入园后必须学习科目繁多的固定课程，压力极大。贵子花了很长时间，才找到了一家注重孩子身心发展自由的幼儿园。如果现阶段搬家，就会失去好不容易才得到的入园资格。为了让孩子上合适的幼儿园，贵子不得不放弃了搬家计划。

孩子不得不天天面对争吵的父母，这让贵子非常内疚，她不断地反省自己的行为是不是让孩子遭受了精神虐待。孩子对周围的事物漠不关心，小朋友邀请他一起玩，他也没有反应。同龄的孩子大声欢笑、玩闹的时候，他从不加入，只是紧紧贴着贵子，寸步不离。这些都是孩子内心不安的表现。

贵子说，没离婚，是因为不想给饱受精神创伤的孩子伤口上撒盐。

我不想让孩子身边的亲人消失，不想让孩子心目中的家消失。我不能原谅我的丈夫，但这与孩子无关。那个人再糟糕，也是孩子的父亲。就算我心里盼着他去死，我也不能离婚。孩子上托儿所后，慢慢变得能表达自己的感受了。照这样下去，有一天他也许就和其他孩子一样了。不管怎样，想办法给孩子创造一个和谐的家庭环境最重要。为了孩子，我改变了想法。我丈夫嘛，就当他是陌生人，不对他抱有任何期待好了。

错在跟合适的结婚对象结了婚？

孩子喜欢爸爸。贵子打算生完孩子后马上返回职场，所以刚一怀孕，她就不断地给丈夫灌输：你应该分担家务，一起照顾孩子。丈夫除了给孩子喂奶外，其他的家务都能参与一些，孩子也因此跟爸爸很亲近。贵子认为绝不能对孩子说"爸爸是坏人"，毕竟对孩子来说，他是父亲。贵子告诉孩子"爸爸是很重要的人"，尽管她在心里重复的话是"去死吧"。

当初不和他结婚就好了。

我不知歇斯底里地冲他喊过几百次"去死"。我跟他吵，把桌子掀翻，还推倒圣诞树，把屋里搞得乱七八糟。不管我怎样闹，他都漠然地站在一边，一言不发。

马上就 30 岁了，收入稳定，生活安定，找个差不多的人就结婚吧，这是我结婚时的想法。这样想，是不是错了？

其实，我挺想再生一个孩子的，可自从因为买地盖房闹矛盾后，我们就没有再一起过了。即使我丈夫想，我也会说"别碰我"。我婆婆问我："什么时候生第二个呀？"我在心里说："痴心妄想！"我丈夫告诉过我，"性冷淡是导致离婚的一大原因"，但我就是不想碰他，也不想让他碰，连和他用同一双筷子都受不了。仔细想想，他到底算是我的什么呢？室友吗？我现在叫他大叔，完全是把他当成一个糟老头。

如果他死了，也许我还能和其他男人重新开始。唉，不行，不行。因为他，我已经筋疲力尽了。我没有力气再爱了。我已经干枯了。

　如果能回到结婚以前就好了。我只是为了和我可爱的孩子相遇，才和他结婚的。如果不这么想，和他真的过不下去。

贵子本打算生完孩子就重返职场，但因为丈夫投资房地产的事情，她身心崩溃，无法工作。现在的贵子不仅精神萎靡、内心沮丧，而且停止了思考。

*

日本国立社会保障及人口问题研究所的《第十四次出生趋势基本调查·全国婚姻及生育调查·单身者调查结果概要》显示，针对"人生规划"（可实现人生规划），选择做"全职主妇"的女性约占 10%，而针对"理想的人生规划"，选择做"全职主妇"的女性约占 20%。也就是说，在经济条件允许的情况下，日本每 5 名女性中就有 1 名希望成为全职主妇。

以上调查结果很可能受到了就业环境的影响，特别是在"就业冰河期"步入社会的 1970—1980 年出生的女性，无论是不是正式员工，对于婚后一边育儿、一边工作的她们来说，就业环境都在日益恶化。

在所谓"适孕年龄段"（25～34 岁）的女性中，非正式员工的比例高达 40%，她们几乎不可能申请到育儿假。厚生劳动省的资料显示，2014 年首次领取育儿休假津贴的有 274 935 人，其中非正式员工只有 9 231 人，仅占总人数的 3.3%（图 2-4）。由于无法获得育儿假，生育即失业，别无选择的她们只能成为全职主妇。

内阁府《男女共同参与白皮书》（2014 年）显示，在年轻人

（人）

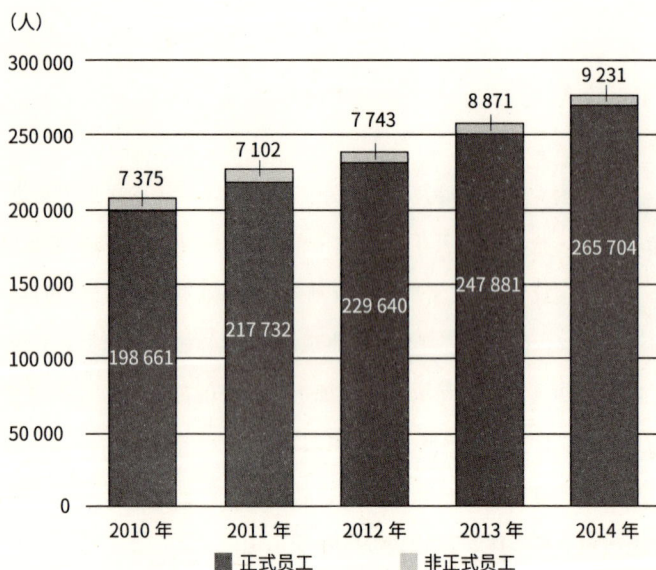

图 2-4　首次领取育儿假津贴的人数变化

资料来源：厚生劳动省

或受教育水平较高的人群中，赞同"婚后男主外、女主内"观点的人数比例在逐年下降。确实，男女性别差异意识正在逐渐消弭。

若年青一代依然抱有强烈的性别意识，一心想成为全职主妇的女性婚后便没有幸福可言。年轻夫妇的身上，折射着经济快速增长时期"昭和式夫妇"的影子。

与公婆同住的牢笼

——34 岁，全职主妇

因为喜欢，所以做了全职主妇

在餐厅工作的神野理惠（化名，34 岁）婚后辞了职，"我想专心做家务和育儿"，她说。理惠的丈夫比她大三岁，是一家小酒吧的经理。酒吧从中午营业至深夜，理惠的丈夫清晨出门，直到午夜或第二天凌晨才回家，星期六和星期天也要参加会议。因此，所有家务和育儿工作全由理惠一人承担。

理惠在 27 岁、29 岁和 32 岁时生下了三个孩子，都是男孩。现在，上托儿所的老二和两岁的老三很费精力。两个孩子凑在一起就冲突不断、哭天喊地。已经上小学的老大放学后，理惠还要看着他写作业。

老三刚出生的时候，理惠一个人给孩子洗澡总是手忙脚乱。

她用一只胳膊夹着最小的，另一只手给老二洗，眼睛还要盯着老大。视线稍一移开，老大就望着浴缸里的水，把头伸进水里，好几次不小心滑倒在水里，险些淹死。

出门散步或买菜的时候，也很让人头疼。把小的放在婴儿车里，让大的走路，大的走一会儿也要坐婴儿车，要不就让理惠抱。"妈妈抱你，就不能推婴儿车了。背着你行吗？"理惠跟他商量，可他怎么也不答应。

"你帮我一下吧！"精疲力竭的理惠向丈夫求助，他却说："你喜欢做全职主妇才做的呀，主妇生活不就是这样吗？我每天工作赚钱已经够累了。"说完，他一个人喝着啤酒放松，要不就爬上床假装睡觉。

有一次，理惠高烧40度，平日里再不乐意帮忙的丈夫也不得不调换了工作时间，待在家里照看孩子。不过，他没撑过两个小时。这次试炼之后，理惠的丈夫在新年家人欢聚一堂时，突然宣布："理惠带孩子太辛苦了，我决定让爸妈来家里帮帮忙。再说，也该盖房子了，就按照和爸妈一起住的布局来盖吧。"

理惠心里虽然一万个不愿意，可当着大家的面不好反对，只能强压不快，微笑着说："是啊。"她只想应付一下场面，不料公公和婆婆立刻接口道："好啊！"理惠盘算着该想个什么办法阻止盖房，不和公婆一起住，可新年一过，公公就拿来了1 000万日元的巨款盖房，理惠措手不及，只能看着两户同住的房子竣工，开始了与公婆同一屋檐下的生活。

怎么不一起去死？

　　理惠的负担更重了，只有一间厨房，全家的饭都是理惠来做。婆婆总抱怨饭菜的口味，往做好的菜里加各种调料，她的做法让理惠很不高兴。本以为和公婆住在一起，他们能帮自己照顾孩子，没想到精力充沛的公婆爱好颇多，根本没时间看孙子。理惠的丈夫依然忙于工作，很少在家，新生活压得理惠几乎喘不过气。

　　丈夫完全看不到理惠的辛苦，回家后只管坐着喝啤酒。理惠稍一抱怨，婆婆就插嘴道："他都辛苦一天了，你就让他歇歇。"衣服晾在外面，飘一点儿雨丝婆婆就大呼小叫："理惠，下雨了，下雨了！""你去收进来不行啊？！"理惠在心里回嘴道。她不敢大声说出来，只能含糊不清地嘟囔两句作罢。

　　　啊，啊，我丈夫和公公婆婆，怎么不一起去死？！

　　一个全职主妇不得不面对公婆和三个年龄尚小的孩子，这种日子让她劳累郁闷得患上了胃溃疡。

　　不过，老大终于能帮理惠干些活了，还能照看一下两个弟弟，理惠得以稍微喘口气。"我必须把这三个孩子培养成好男人。"理惠憧憬着美好的未来，给自己打气。

*

2005 年，我就年轻人的就业问题，采访了时任日本经济研究中心主席八代尚宏先生。八代尚宏先生强烈建议日本政府放松对劳工立法的管制。

"在一个经济低增长、出生率下降的社会，双薪家庭是社会构成的基础。只有精英阶层的人，才拥有做全职主妇的特权。将来，全职主妇将成为一种身份的象征。"

这次采访距今已过去了十多年，截至 2014 年，日本双薪家庭的数量从当时的 988 万户增加到了 1 077 万户，全职主妇的数量从 863 万人减少到了 720 万人。

有些妻子选择做全职主妇并不是因为遭受了"怀孕解雇"，而是家庭富裕，没有必要工作。在富裕阶层，自愿选择做全职主妇的女性确实在日益增多，正如八代先生预言的那样，全职主妇很可能将变成一种身份的象征。但是，自愿选择做全职主妇的她们生活得快乐吗？

光鲜主妇的背后

——39 岁，全职主妇

与精英丈夫结婚后辞职

居住在东京都黄金地段的田川明日香（化名，39 岁）是一名全职主妇。她浑身上下包裹着名牌，随时随地都保持着光鲜亮丽，似乎在向世人展示着自己的幸福，出门扔垃圾，也必须化上精美的妆容。每天一刻不离地陪伴着 4 岁孩子的明日香，眼中充满了"看呀，快看！我是多么幸福"的神色，但这只是展现给外人的一面。在家里，她的生活完全是另一番景象。

明日香的丈夫在一家贸易公司工作，周六、周日除了加班，还要陪客户打高尔夫球，每个月只有一两个周末能待在家里。明日香以前也在丈夫就职的公司工作，27 岁时嫁给了年长自己 10 岁、事业上风生水起的丈夫——完美的职场婚恋，人人羡慕的

"结婚离职"。

婚后，丈夫完全将明日香视为家里的女佣。只要发现家具上有一点灰尘，就用手指一抹，问："这是什么？"为了保住市中心豪华公寓中的奢侈生活，明日香忍了。

我想早点儿要一个孩子，可我丈夫总不在家。而且，他也不积极配合。我婆婆一次次地催我："还没怀上？"最后，她竟然连我和丈夫做爱的细节也毫不避讳地打听，埋怨我"在床上不够尽力"。我跟丈夫抱怨时，他盯着电脑或电视，假装听不见。我知道他有外遇，但我装作不知道，什么也没说。结婚 7 年后，我们终于有了孩子。

女儿出生后，精英家庭长大的丈夫突然对她的教育表现得极为热心。他规定女儿一岁前学英语、两岁接受韵律训练、三岁学钢琴和芭蕾舞，并将女儿的月龄对照育儿书籍或网上的介绍，确认女儿的成长情况。如果女儿的成长稍显缓慢，他便责问我："你成天在做什么？你又不工作，没时间管孩子吗？"后来，他开始说："就因为你学历低，女儿才这么笨。"虽然我在心里骂他"混账"，可他发火的样子吓得我只能说："对不起，我一定尽力。"我在心里一个劲儿地喊着"后悔啊！"，但顾及面子，我从来不在朋友面前提哪怕一句自己生活的真相。

有一次，我在附近的公园里，看到一个和我家孩子同龄的小孩。我马上问他："小朋友，你会写平假名吗？数字呢？"听那孩子说不会，我鄙夷地说："不会啊？我家宝宝可都会写哦。"话音未落，我心里一惊：哎呀，我怎么变成了这样？可我忍不住拿自己的孩子和其他孩子比较，我总是忍不住对碰到的小孩说："哟，还在骑三轮车？好可爱呀。不过，虽然有点危险，我家宝宝可都在骑自行车了呢。"

现在，我丈夫最大的兴趣就是女儿的升学考试。女儿进了一家升学率极高的幼儿园，她的成绩稍有下滑时，丈夫就训斥我："都是因为你不会教育孩子。当年你爸妈是怎么教育你的？"

再能忍耐的明日香，听到自己的父母被骂，也忍无可忍。"太过分了！"明日香的心里滋生出恨意。

用名牌隐藏自己的惨境

我丈夫总不在家，我觉得我们家就像一个只有我和女儿的单亲家庭。我想找一份零工做做，转换一下心情，可我丈夫不答应。他先是问我："你对我的收入不满意吗？！"然后大发雷霆："孩子还这么小，你就想出去工作，这是什么样的女人才能做出来的事情？你还算是个母亲吗？"他似乎坚信"孩子三岁之前母亲应该在家专心育儿"的"三岁神话"。

我不清楚他是不是也很注重外在的虚荣，总之，他买给我的衣服和包清一色是奢侈品，但生活费我必须向他申请。我出去和朋友吃午餐的开销他一分不给，就连给女儿买一个玩具，他也要仔细地过问目的、效用和价格。如果他觉得某个玩具对孩子没有教育意义，就不能买。有时我从不多的生活费里省出点钱，给孩子在百元店里买个她喜欢的小东西，他看到了就总会说："怎么买这种东西？"满脸的嫌弃和鄙夷。

外表的光鲜和家里的惨境真是对比鲜明，明日香只能用艳丽的妆容和名牌奢侈品隐藏自己的真实生活。"受够了！"明日香想，但却无法从心理上摆脱丈夫的束缚。

——对啊！我丈夫死了就行了。

突然，明日香的脑海里灵光一现。

和丈夫一起生活之后，明日香发现自己的性格变得越来越令人厌恶。只有在感觉到自己和女儿高人一等时，她才会觉得幸福。她彻彻底底地变成了一个不把别人比下去心里就不舒服的"乘骑女子"。

明日香的丈夫常摆出一副施恩的态度，对她说："我保证你一日三餐，外加一个午觉，你想想你多幸福。"可家务没有做完的时候，哪有时间午睡？每次丈夫因为女儿的学业苛责明日香时，她都在心中大喊："还不是因为我在家，你才能心无旁骛地工作！拜托，赶紧去死吧！"

*

全职主妇觉得自己靠着丈夫的收入生活，因此选择忍气吞声，但是，她们每日做的家务也是名副其实的劳动。在经济学上，她们的劳动是"无偿劳动"。

内阁府经济与社会研究所国民经济计算部的《家务等评估》（2013年）显示，截至2011年，日本无偿劳动，即家务报酬的估算金额为974 000~1 385 000亿日元（因计算方法不同，数据有所不同）。其中，全职主妇的年无偿劳动预估报酬和时间最多，分别为500 000亿日元和3 618万小时。双薪家庭中，女性承担的无偿劳动预估报酬为385 000亿日元，时间为2 651万小时。

人均来看，日本男性无偿劳动的预估报酬介于292 000~517 000日元之间，而女性介于1 422 000~1 928 000日元之间。整体来看，日本女性无偿劳动的时间是男性的4.9倍。全职主妇也在赚钱。

然而，许多妻子受"丈夫喂养自己"的观念束缚着，并没有意识到自己在家庭中"内部支撑"的功劳。

　　以上几例，是因为孩子而不愿离婚的妻子。那么，没有孩子的夫妇又是何种情形呢？虽无孩子羁绊，但出于经济原因无法离婚的妻子也不在少数，而其中一些经济独立的妻子宁愿暗自期盼着丈夫去死，也不愿选择离婚。

关于孩子的战争

——47岁，全职主妇 /35岁，公司职员

不配合的丈夫

因为丈夫不愿接受不育治疗，加藤直子（化名，47岁）不得不放弃生养孩子。对此，直子满腹怨恨。

直子是一名普通职员，与在同一家金融机构工作的丈夫相识并结婚。婚后，直子似乎是理所应当地辞了职。结婚时，丈夫30岁，直子35岁。和所有年龄比丈夫大的妻子一样，直子包揽了一切家务，把丈夫照顾得无微不至。丈夫在直子面前，也像条撒娇的小奶狗。两人的新婚生活甜腻而美满。

不过，直子丈夫的事业当时正处在上升期，工作极为繁忙，经常连续几天凌晨下班回家，加之应酬多，回到家后，总是醉醺醺地倒在床上便鼾声如雷。直子明白丈夫为了事业身不由己，可

这样的生活持续了两年以后，她开始担心再这样下去，自己很快就生不了孩子了。

直子的丈夫看到公司的同事接二连三地有了孩子，也动了要孩子的念头。机会来了！直子满心欢喜地开始尝试，却一直没能怀孕。她去妇产科检查，被告知卵泡发育不良，排卵困难，必须接受不孕治疗。医生建议直子的丈夫也做个检查，但他拖了大半年，直子好说歹说，他才终于去了。看到结果正常，他长呼一口气说："原因不在我，真是太好了。"他一直不愿去做检查，似乎是在担心自己"没有'种子'该怎么办"。

考虑到直子已经 38 岁了，医生建议他们"一个月也不要浪费，立即进行人工授精"。人工授精需要丈夫配合，需要他在家或医院自慰，收集新鲜精子，然后，由医生将精子注入直子的子宫。医生做人工授精、体外受精说明时，直子的丈夫没有提出异议，但参观完医院的采精室后，他失去了对人工授精的热情，说："有必要这么做吗？自然怀孕不行吗？"

生活奢侈但空虚

如果丈夫不配合，就不能人工受孕。直子没有办法，只好转而接受促进排卵的治疗，并在适当的时期尝试自然受孕。为促进卵泡生长，必须注射荷尔蒙（这对有些患者有副作用，会导致身体极度不适）。直子强忍着副作用引起的恶心和头晕，排卵期也没有停止注射。她给自己打气说："想怀孕就必须忍受，就当是妊娠反应。"可是，治疗持续了半年直子也没有怀孕，医生劝她最好还是选择人工授精。

直子的丈夫每天早出晚归。每次直子告诉他"要记得在某天准备好精子哦"，当天早上，他不是说"上班要迟到了"，就是说"来不及了"，急匆匆地跑出门。就算直子把收集精子的容器递到他手里，等她转身走出卧室，他瞬间就不行了。最后，直子只做过一次人工授精，以失败告终。丈夫彻底放弃，他说了一句"算了"，从此坚决不再配合。直子39岁的时候，孩子的话题从夫妻间的谈话中消失了。

从那之后，算日子做爱的计划没有了，直子的丈夫一头扎进工作里。两人亲热的次数越来越少，两三年后，彻底没有了。

"40多岁生孩子的女人也不少。到45岁为止，我还不想放弃。"直子的眼里浸满了泪水。

2014年，40～44岁生育的日本女性有49 606人，45～49岁生育的日本女性有1 214人，50岁以上的也有58人。2010年，通过体外受精出生的日本婴儿28 945名（日本妇产科学会数据）。每次一想到这些，直子的内心就充满了懊恼与怨恨。

抛开孩子的问题，直子和丈夫关系融洽。丈夫青云直上，年收入接近2 000万日元。他们住在东京都中心的豪华公寓里，一年有几次海外旅行，生活可谓奢侈。

但是，直子想要孩子。再奢侈的生活，都不能填补她因为没有孩子而产生的空虚感。

> 我第一次去医院的时候，刚刚 37 岁。如果那时马上开始治疗，我肯定能怀上孩子。
>
> 一想到这个，我就觉得"自己的人生本不该这样"。看到电视上在热议"过了 45 岁也能怀孕生子"，我突然想到也许自己还有可能，不免又开始焦虑。可是，我丈夫已经完全接受了只有我们两个人的家庭。
>
> 当时，我竟然有了这样的想法："现在离婚也晚了。我马上就年过半百，不可能再和别人重新开始生活了。我那么想要孩子，他却不好好配合。我膝下无子、孤单难耐，全是他的错！只有他去死，我才能解气。"

懦弱、爱撒娇的丈夫

这是想要孩子却难以生育的夫妇的困境，而那些敢于选择不要孩子的丁克夫妇过得怎样呢？也是一言难尽。高木彩香（化名，35 岁）和丈夫（36 岁）是典型的丁克族。丈夫属于爱撒娇的可爱型男人，几乎就是一个小孩子。彩香要是没有及时洗衣服，只剩一两件衬衫可以换洗，他就会哭丧着脸对彩香说："没有可以换的衣服了。"

彩香夜里 11 点多下班回到家，吃着顺路买回来的盒饭，推门进来的丈夫哭丧着脸问："我的饭呢?"彩香看着"娇滴滴"的丈夫，不禁怒火中烧："这么晚了，你自己在外面吃，或者买个盒饭回来不行吗?!"丈夫不管加班到多晚，都坚持要在家吃饭，但他自己不做，要彩香给他做好。如果彩香忍不住抱怨一句"真麻烦"，他就像受了天大的委屈似的，缩成一团，一声不吭。彩香只能说着"对不起，对不起"哄他。

彩香是个工作狂，一直没打算要孩子。况且，生孩子可能会让她失去工作，一想到这个，她更是打定主意绝不考虑要孩子的问题。丈夫也不想要孩子，他的想法是"只要和老婆在一起就好"。彩香夫妇二人都觉得，如果以后真想要孩子，到了那一步再考虑也不迟。对彩香来说，丈夫就像个孩子。不过，渐渐地，彩香心里产生了"不想再这么照顾你了"的念头。本来，她就是一个无法为了照顾别人浪费自己工作时间的人。

嚷嚷着要当家庭主夫

这个被宠坏了的男人真的非常烦人。得知彩香的年收入超过他 500 万日元后，他整日闷闷不乐，嘟囔着"反正你觉得我不中用"，接着就一连几个星期都不说话。彩香收入增加的同时，丈夫似乎进入了工作瓶颈期，他对彩香说："我想辞职在家，当一个全职主夫。"然后，他当真开始着手准备辞职。

——啊？瞎说什么哪？我工资是涨了，可不够养你啊！

彩香好不容易才平息了丈夫的辞职闹剧，但自那以后，两个人出去吃饭，如果彩香想点稍微贵一点儿的菜，他就会酸溜溜地说："有钱就是任性啊，能点这么贵的东西。"以前吃饭，两个人都是轮流付账，现在，他两手一摊，说："我没钱。"再也不付账了。如果彩香买了新衣服、新包包，他一见是名牌，就会郁闷地说："真好呀！我只买得起优衣库的衣服。"

"你抱怨什么？烦不烦！"彩香被他惹火了，大声责骂了一句。他马上说："真对不起呀，彩香，让你嫁给我这么没出息的男人。"

彩香说："你再这样闹，我们就离婚。"话音未落，丈夫嚷着："我这辈子算完啦！我只能以死谢罪啦！"爬上阳台的栏杆就要往下跳。彩香一惊：这可不是闹着玩儿的！赶忙拼命拉住了他。等哄好了他，他虽然不再胡闹，却变得比之前更加任性。彩香心想："虽然不想让你自杀，可真希望你死了算了。太烦人了！"

彩香夫妇正在考虑买房，但彩香还拿不定主意："是就这么过下去呢，还是离婚呢？一提离婚，他就寻死觅活的，好烦！怎么办呢？""最后也只剩亲情了吧。真的像自己的孩子一样，扔不掉。"彩香的嘴角浮起一丝苦笑。

第三章

不再需要老公！

对丈夫恨之入骨的

团块世代妻子

希望丈夫去死——这不是任性的气话。根据日本婚恋研究所的《2011年度夫妻关系调查》，陷入婚姻危机的主要人群为年过四旬的夫妻，此年龄段的夫妻，达到了离婚率的最高点。而2015年的后续调查显示，"想离婚"的丈夫占16.1%，"想离婚"的妻子却超过了50%。

若夫妻双方不解决育儿产生的摩擦、态度的冷淡、相互的误解和心理上的渐行渐远，在矛盾中度过40～60岁的20年，那么等丈夫退休时，夫妻关系将恶化到令人毛骨悚然的地步。

"社团活动遗孀"的哀叹

——40多岁，教师

每天都去参加社团活动

现在，日本教育界流行"社团活动遗孀"一词。身为教师的丈夫如果是学校体育社团的顾问，特别是管理着一支实力强大的运动队，就会一心扑在工作上，几乎不回家，让妻子仿佛成了遗孀。

佐藤明子（化名，40多岁）是一名教师，生活在冬天多雪的地区。她感叹道："我丈夫每天为了社团的活动早出晚归。我以为'社团活动遗孀'是指全职主妇，没想到我和丈夫一样是教师，也成了'社团活动遗孀'。"

我丈夫是高中硬式网球社团的总教练，在当地小有名气。我的很多男性同事也非常热衷学校社团的指导工作，但他们的妻子都是全职主妇。

27岁那年，我和同在一所高中工作的丈夫结了婚。他大我7岁。后来，他调去另一所高中，在那所学校做硬式网球队的顾问。随着网球队愈战愈强，打入全国比赛，他对球队的热情也越来越高涨。

我丈夫30多岁的时候，每天都要去指导社团活动。平时放学后，他都先去社团，社团活动结束后再返回办公室备课，一直工作到晚上10点；节假日，他要去很远的地方训练或者参加比赛，常常早上6点出发，晚上10点以后才回家。黄金周参加比赛，盂兰盆节参加集训，一年下来只有元旦三天没有社团活动。

这样的日子过不下去了！

孩子出生后，我们就和婆婆住在一起了。每年，全家人只能一起去旅游一到两次。有时因为学校调休，我在工作日不用上班，待在家里，婆婆就盯着我，让我"不上班就做家务"，不停地指使我做这做那，家里根本待不下去。尽管累得要命，特别想好好歇一歇，但调休的日子我还是假装去上班。

我丈夫总是全身心扑在社团活动上，每逢假期我们家看上去就像一个单亲家庭。公园里，总能看到别人家的爸爸带着孩子一起玩，那家的妈妈一定在做家务，要不就是在逛街换心情吧。天气好的时候，还时常能看到在草地上其乐融融野餐的家庭。

——第二个孩子出生后，我总想，我们家也该像那样啊。

我开始不断地和丈夫吵架。"这种日子过不下去了！离婚！"这样的念头在心里闪现过成百上千次。

可是，一想到自己的学生，明子就迈不出离婚这一步。身为教师，明子认为自己必须时时刻刻以身作则。"我喜欢老师的工作，"明子说，"我们不只是站在学生面前时才是一名老师。我们在方方面面都要给孩子做表率，向他们展示一种值得信赖的生活方式。""我们结婚的时候，每个学生都兴高采烈地参加了在教堂举行的婚礼。离婚的话，孩子们该有多失望？这样好吗？怎么向学生解释离婚的原因呢？离婚这样的事情，对孩子们的教育是没有好处的……"

几位女同事的丈夫也是网球社团的顾问，她们组了一个"网球遗孀会"，节假日的时候，带着孩子聚在一起，一边共进午餐，一边抱怨丈夫。

必须是女性休育儿假吗?

明子对丈夫的不满日积月累,有一次丈夫不经意的一句话成了引发战争的导火索。休育儿假的时候,明子第一次真正动了离婚的念头。

我女儿是个"夜哭郎",白天也睡得很轻,对声音特别敏感。稍微有点声响,哪怕是塑料袋发出的沙沙声,她也会被吵醒,哇哇大哭。而且,一哭起来,只能抱着她轻轻摇晃安抚,根本放不下来。差不多摇晃了 40 分钟,好不容易睡着了,不知哪里的什么声音又会把她吵醒,她又开始哭……一切从头开始。

有天晚上,我像往常一样抱着哭泣的女儿,哄她睡觉,我丈夫突然对我大吼:

"还让不让人睡觉了? 我明天还要上班呢! 你把孩子抱到别的屋去。"

因为睡眠不足,明子的心情本来就极为烦躁,听到丈夫的抱怨,长期积累的郁愤瞬间喷发。

"凭什么必须是当妈的休育儿假? 当爸的也应该休。我明天就去找你们校长，让他给你批育儿假。"

"过不下去了！"我心里的愤怒就像沸腾的岩浆。

第二天，我带着女儿回娘家。路上，我和父亲打电话说了吵架的事情，我父亲在电话里说："如果你就因为这个回娘家，我不会让你进门。"没办法，我只能原路返回。

我丈夫什么都不做，更准确地说，他根本就不着家。每次我让他少参加点社团活动，他都会和我大吵一架。他一生气就砸东西，手边有什么摔什么，墙也被他踢出了洞。一提社团就吵，越吵越凶，后来，我再也不提社团的事了。

紧要关头靠不住的丈夫

目前为止，孩子们开了9次运动会，因为有社团活动，我丈夫一次都没参加。我一个人举着摄像机录像，拿着相机拍照，环顾四周，只有我们家是这样的，完全就像个单亲家庭。后来，我丈夫参加了一次孩子的运动会。我以为终于有人可以帮我录像了，谁知道他不会用摄像机，连开始录制的按钮都不知道按。女儿比赛的身影根本就没录到。

"你今天干吗来了？！"我气得简直要发疯。

通常，每家都是由男性参加社区居委会活动。有时，我丈夫好不容易答应参加，可事到临头，他却总是说："不行呀，我有比赛。"社区节日集会上本该他做的事情，全由我代劳。

他总用"不都是这样吗"来肯定自己以社团活动为重心的生活，但如果我因为学校的社团活动回家晚了，他却满腹牢骚："女老师都不参加社团活动，早早就回了家，你去干什么了？你们学校就没有别人了吗？"他和我一样是老师，对我的工作却没有丝毫理解。

这是因为，他觉得女人就应该优先顾着家里。家里的事都做完了，还有多余的时间，再去加班。

明子无法掩饰自己的愤怒。

我身边许多有孩子的女老师，都把没做完的工作带回家，等孩子睡觉以后，再熬夜赶工。如果夫妻双方都在工作，那么，应该每两周轮换着加班才对。可我丈夫，不，男人们，总是用工作忙当借口，认为"自己不在家"理所应当。

育儿女性被视为无能之人

教师这份工作，无论对男性还是女性，都极为辛苦。

育儿假结束后，明子回到了学校，正巧那时发生了校园霸凌事件，连警察都介入了。为了加强学生管理，老师们连日开会。明子在会上以极大的热情提出改善措施，不料，一位在明子休假期间新入职的老师却对她说："你这种在家休息不来上班的人没有发言的必要。"

——育儿女性被视为无能之人，孩子只不过是她们无能的借口。

明子感到了莫大的羞辱。从那以后，即便能早早下班，她也留在学校加班。孩子因此不得不从早上7点到晚上7点，在托儿所待上整整12个小时。虽然在托儿所一切安好，但还是让人担心，这样做是否会影响孩子的心理发育。后来，明子调到了家附近的学校，不带班的几年，她终于能在晚上6点半到7点之间，亲自去接孩子。

被忽视的教师工作量

曾有调查显示，教师怀孕期间的工作环境极为恶劣。兵库县教职员工会以正在休育儿假的教师为调查对象，制作了"2014年重返职场讲座参加者问卷"。在54名受访者中，"患有妊娠并发症"的人占一半以上。另外，还有许多人因流产或早产需要住院治疗。某地区的一名老师称，申请育儿假时，校长要求她"自己去找代课的兼职老师"。

目前，日本教育界一直在努力将每班 40 名学生的标准缩小到 30 名，以便为学生提供更细致的指导，却忽视了教师工作量过大的现状。因为出生率下降，财政部甚至宣布至 2024 年，日本中小学教师将裁员约 37 000 人。

明子以自己的工作为荣，她认为"教师是一份在内心收获感动的工作"。她的很多学生都立志将来做教师。可令人担忧的是，明子的两个女儿从来没有说过"以后想当老师"。女儿们看着无法平衡工作与生活的妈妈，自然认为当老师太过辛苦。

如果我在家时不总是一副筋疲力尽的样子，如果我不是"社团活动遗孀"，那我两个女儿的理想会不会是成为一名教师？我的女儿们从我身上看到了这份工作太多的不堪。我很多学生的父母，也同样是夫妻双方都在工作，但他们都比我们有更多的时间陪伴孩子。

过劳死的教师

明子小女儿的生日，恰好是明子学校文化节的最后一天。文化节的活动结束后，清理、打扫，加上宴会，明子总得忙到晚上 9 点才能回家。到家以后，还经常有"学生喝醉了，赶紧过来"的电话打来，把明子再叫回去。她完全没有时间为女儿庆祝生日。

快 50 岁的时候，我被委任为校网球队副顾问，挥起了网球拍，结果，软骨磨损导致髋关节受伤，那段日子走起路来像个步履蹒跚的老人，最后去医院动了手术。为了编写教材，加班到深夜是家常便饭。课间休息时总有学生来找我，连去上厕所的时间都没有。经常没时间吃自带的午餐，总是坐在办公室里一边工作一边啃面包。

每天平均睡眠时间只有三个小时。我从没想过，自己 40 岁以后还要"熬通宵"。

通常，人们认为教师是一份稳定的好工作，其实工作强度极大。根据全日本教职员工会的《工作状况调查》（2012 年），35.8% 的教师"月加班时间超过 80 小时"。"月加班时间超过 80 小时"是国家划定的"过劳死"死亡线，现实是每 5 个人中，就有 1 人的月加班时间超过 100 小时。

日本教师的工作时间远远超过了其他国家的教师。根据经济合作与发展组织（OECD）2014 年发布的《国际教师指导环境调查》，参加该调查的 34 个国家 / 地区的教师，平均每周的工作时间为 38.3 小时，而日本的教师高达 53.9 小时（图 3-1）。日本教师每周的总工作时间、参加课外社团活动的时间都最长。

在明子居住的县内，一些 50 岁以上的高中教师几年前因不明原因相继死亡。人们怀疑是过劳死。其中一位教师在实验室中死

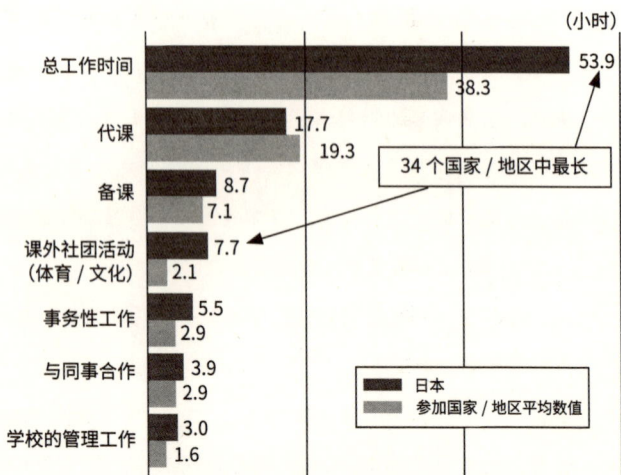

图 3-1　各国教师工作时间比较

※ 包括日本在内的 34 个国家 / 地区
资料来源：OECD《国际教师指导环境调查》(日本国立教育政策研究所资料)

亡，第二天早晨才被学生发现。如果丈夫夜里 11 点后还没回家，明子就会给他打个电话，确保他的安全。明子常劝丈夫："不要加班到夜里 11 点，小心晕倒了也没人发现。"

追韩剧 —— 不花钱的出轨

丈夫说："以后我动不了了，女儿会照顾我的。"可是，女儿真会照顾卧病在床的父亲吗？"毕竟夫妻一场，我应该是没法对一个动不了的人不管不顾的，但我不认为照顾老公是一种幸福。"明子的语气非常坚定。

不过，回到当初，明子有没有可能嫁给一个不参加社团活动、早早回家的男人呢？那样的男性恐怕吸引不了年轻的明子。明子和丈夫结婚，就是因为他和自己一样，对工作、对学生抱有极大的热情和爱心。

可是今天，明子毫不犹豫地说：如果有来生，绝不嫁给现在的丈夫。

"作为一名教师，我不会有婚外恋。不过，我真的非常迷恋韩剧。"看到深夜还在追剧的明子，丈夫总会抱怨她"又在看韩剧"，甚至说一些诸如"真没想到我家还有个'哈韩大妈'"这样过分的话。

"这不挺好吗？一分钱都不用花的出轨。"明子这样怼回去。

看到电视新闻报道一个学生在毕业几年后，用刀捅了自己一直憎恨的中学老师，明子不禁对丈夫说："新闻里的老师要是去世了，他的妻子可能会说：'失去那么热爱教育的丈夫，真是太痛心了。'不过，如果我是她，接受采访时会说：'我能明白那孩子痛苦的心情。就算那孩子没拿刀子捅他，估计我也会捅了他。'"

"我真是这么想的。"明子说着，轻轻笑出了声。

跟第二喜欢的人结婚

——58 岁，护士

40 岁时的转变

以上，我列举的都是虽然厌恶丈夫，但出于经济原因无法离婚的妻子的例子。也有一些经济独立的妻子，虽有恨意却没有选择离婚。浜野夏子（化名，58 岁）是一名护士（护士可谓是日本职业女性的代名词），她笑着说："太天真了，希望丈夫去死？这么想的人心里还残存着爱吧。"

夏子毕业于东海地区的一所护士学校，在当地的一家医院就职。26 岁结婚，27 岁、29 岁、33 岁陆续生下了两男一女。现在，孩子们都大了，不用再花费太多的时间和精力，因此，夏子一心扑在工作上，每天忙于指导科室新人。工作积极努力、御姐风范的夏子是医院不可或缺的一员。

结婚前，夏子不知该和自己喜欢的人还是喜欢自己的人结婚。她认为，自己喜欢的人一定和自己性格相像、趣味相投。和这样的人生活在一起，总会有说不完的话题，家庭气氛一定很温馨快乐。不过，和自己性格相近的男性，也一定比较以自我为中心。这样的男人应该更喜欢性情安静的女性。所以，如果不想在婚后压抑自我、能够活得自由，最好选择一个和自己性格迥然不同的男性。于是，夏子选择了现在的丈夫。

性格温顺的丈夫经常说不过夏子，两人一旦起了争论，多数情况下丈夫总是选择沉默。夫妻二人风平浪静地一起生活了很多年。夏子40岁那年，有一天丈夫突然说："如果不是因为孩子，我早就和你离婚了。"

你知不知道这话有多伤人?!

从那一刻起，夏子对丈夫的爱意烟消云散。

40岁的时候，夏子的工作变得极为繁忙，她是手术室护士。虽说护士的工作不管在哪个部门都不会轻松，但在手术室会格外辛苦。一旦有紧急手术，就是无休无止的加班，在家里也要随时待命，连洗澡的时候，夏子都把手机带进浴室。医院24小时、365天都有病人，值班也必不可少。

大约在同一时期，夏子开始热心参与起社会活动，生活因此变得更加忙碌。夏子每天晚上 9 点到 10 点要加班，她没时间做晚饭，也没时间接送孩子上幼儿园。丈夫渐渐不满，他说："社会活动你要参加到什么时候？真受不了这种日子！"两人大吵。年幼的孩子在他们身边站都站不稳，哭叫着："不要吵架，不要吵架。"

"我参加社会活动是认真的，不是去凑热闹！"

极为关注社会问题的夏子暗自感叹："他果然和我不在一个层次上。虽然他是孩子的父亲，但他不配做我的丈夫。"

受不了丈夫身上的老人味

夏子不再爱丈夫，还有个更重要的原因。40 岁时，夏子发现自己怀孕了。如今，40 多岁的女性怀孕生子是司空见惯的事，但在那时并不常见。

夏子告诉丈夫自己怀孕了。"不要！"丈夫斩钉截铁地说。夏子想要，她想：一边工作一边育儿，三个孩子都带大了，再多一个也没有问题。

"我可以把工作辞了，社会活动也不参加了，专心在家带孩子。"夏子继续和丈夫商量。不料丈夫冷冰冰地说："都 40 岁了，送孩子去托儿所丢不丢人？"

最后，夏子只好放弃。从那以后，她和丈夫之间有了隔阂。为了维护夫妻关系，夏子依旧会和丈夫做爱，但她会十分注意，避免再次怀孕。

夏子的丈夫婚前做土地测量工作，婚后他说想考司法书士[1]资格，于是辞了工作。夏子一直赚钱养家，支持他最终通过考试、找到工作。可工作没多久，他就瞒着夏子辞了职，理由是"过手那么多钱，内心不安"。辞职后的丈夫一直在一家便当店打零工，夏子休产假时才发现这件事。

　　过手那么多钱，内心不安?! 我手上还过人命呢。

知道丈夫辞了职，夏子震惊得目瞪口呆。不过，想到丈夫应该也不好受，他隐瞒不讲很可能是因为内疚，夏子把本要脱口而出的话咽了回去。

　　我丈夫真的很没出息。他后来进了一家小公司，一直工作到现在。快60的人了，一个月才挣26万日元。每个月也不出生活费，只是交一下全家老小五六万日元的手机费。小公司不景气，最近连奖金都不发。他连续工作30年，升了主任，算下来每个月收入只多了6万日元。我的月薪不仅高出他10万，还有奖金。买房的贷款是我一个人还的，已经提

前还完了。买车的贷款也是我还的。他甚至连一分钱的存款都没有。

不过，他是一个爱孩子的好父亲。不喝酒，不玩女人，也不借债。所以，我没离婚。有段时间，我想，要不就只把他当性伴侣好了，可后来就连这样，我也受不了了。他身上有一股老人味，那味道真的令人作呕。

不离婚的理由

你希望你的丈夫去死吗？我问夏子。她的回答是："3·11之后，我决定慎言。"

2011年3月11日，日本发生了大地震（东北地区太平洋近海地震），15 894人丧生，2 561人失踪（截至2016年3月10日的数据）。即便没有自然灾害，也有交通事故和猝死，在医院工作的夏子对死亡感触极深：人，生死无常。

"每个人都会死。如果我对一个人说了'去死'，结果这个人有一天真的突然死了，那我该多懊悔啊！所以，不管多讨厌一个人，我都不会对别人说这句话。也许，对我来说，这样想是一剂稳定情绪的安定剂。不过，我可以在心里随便诅咒，只要不说出口就没问题，就可以被原谅，对吧？欸？我这样是不是太狡猾了？"

"对老公说'去死'，说明心里还有爱！心里有期待才会这样说。我只会对自己讨厌的政治家说'去死'。"夏子哈哈大笑。

为什么？因为，老公死不死关我屁事?!

他的死活，我完全不在意。

老实说，我们没必要生活在一起了，但孩子马上要结婚了，婚礼上，最好父母双双出席。

他现在就是出轨我也无所谓。有时从他身边走过，不小心被他碰到了屁股，我心里都泛恶心。我总想，他什么时候收拾行李回他妈妈家去就好了。我婆婆80多岁了，人特别好，她老人家在世的时候我不想离婚。我不想让她难过。

除了不想让婆婆难过，不离婚的原因还有很多。

我不想让别人说我是因为有工作、热衷社会活动才离的婚。

——有份好工作，并且热衷社会活动的女性如果离了婚，周围的人会异口同声地说："女人就该待在家里嘛。"顾及这些，我才不离婚的吧。

"结婚以后我依然很有男人缘。过了50岁，还有男人来跟我搭讪。跟我丈夫之外的人上床的机会数不胜数。这种时候我常想，其实根本没有必要结婚，男女关系在制度上也像在欧洲一样成熟就好了。"

趁年轻结婚生子的想法是没有错，但"想生孩子"和"结婚"不能混为一谈。如果有能力独自一人把孩子抚养成人，就可以选择嫁给自己内心真正喜欢的人。育儿制度不完善，导致部分女性会选择和适合做父亲的、自己"第二喜欢的人"结婚。这是夏子的结论。

团块世代妻子的秘密陷阱

本章所介绍的中老年夫妻，不管是成长背景，还是价值观，都与之前介绍的正处在育儿阶段的夫妻不同。因此，这些妻子对丈夫的怨恨更深。特别是团块世代那一代人，她们的怨恨令人毛骨悚然。

大约10年前，就已出现了类似的社会现象。《AREA》杂志曾在2007年5月21号登载了我的一篇文章《为躲开丈夫重新装修》。文中，我描述了团块世代妻子们的"秘密陷阱"：丈夫55岁退休后，妻子因为嫌弃丈夫整日待在家里，开始计划重新改建、布置房屋，借此巧妙避免夫妻两人在家中照面。

例如，两个孩子都成年后，家里空出了两个房间。妻子便笑着对丈夫说："一间给你当书房吧？这样你就能安安静静地看书了。"于是，一个房间布置成了丈夫的书房，另一个房间顺便布置成了自己的卧室。这样一来，自然而然地变成了"夫妻分床睡"（不同卧室）。一位顶级建筑商称："大约一半的家庭以改建为契机，夫妻开始分床睡。"

妻子让丈夫远离自己的方法很多，比如跟丈夫说"把厨房翻新一下吧"，丈夫以为"把翻新厨房作为礼物送给妻子，妻子肯定会为自己做更好吃的饭菜"。但扩建厨房和餐厅后，只需加上一道墙，妻子在厨房做饭的时候，就看不到坐在屋里的丈夫了。

为腰疼的丈夫降低浴缸的高度，或者建议丈夫"换个更便捷的马桶"，顺便在客房里装一个下沉式暖桌，这样，就可以把总抱着电脑坐在客厅的丈夫赶去客房，妻子便能一个人优哉游哉地待在客厅。

不管哪种方式，都是不愿每天 24 小时和丈夫待在一起的团块世代妻子们精心设计的"陷阱"。为了"家庭圆满"和丈夫拉开距离，这些做法温和而可爱。

退休后无所事事、寸步不离地跟在妻子身后的丈夫，常被嘲讽为粘在鞋底的"潮湿落叶"。东京女子大学名誉教授柏木惠子在其著作《成人的条件》中，将退休后待在家里无事可做的丈夫／父亲称为"大型垃圾"。与本书第一章中"只要老公还在世，不回家也没啥事"的广告语相比，柏木惠子的描述更为刻薄。

今天，迫切地希望丈夫死亡，可能是中老年妻子们的心声。

男性似乎对此也有所察觉。一位前公司管理者（男性，近 80

岁）和同龄人打高尔夫球或聚会时，发现："失去丈夫的女人在消沉一段时间后，很快会从痛苦中恢复。穿衣打扮突然变得非常艳丽，整个人神采飞扬，比丈夫去世前还要精神。好像丈夫一死，妻子就活了。"

在高尔夫球场看到这样的遗孀后，男人们便凑在一起小声地相互叮咛："我们可得保重身体啊。"

前段时间的一项研究可作为帮助理解这一现象的参考资料。日本国立社会保障及人口问题研究所的石川晃先生制作了"按婚姻关系划分的寿命表"，计算了 20 岁、40 岁时有配偶、单身、丧偶和离婚人群的平均余生年限。结果显示，40 岁时丧偶和离婚的男女余生年限有很大差异。据 1995 年的调查数据，40 岁的男性丧偶后，平均能再活 34.95 年，离婚后，平均能再活 28.72 年；40 岁的女性丧偶后，平均能再活 43.32 年，离婚后，能再活 40.49 年。

老话常说"一旦妻子撒手人寰，丈夫也会很快跟去"，但离婚对男性的打击似乎也很大。这些数据也侧面印证了前文那位老人说的话："丈夫一死，妻子就活了。"

昭和妻子的复仇

——70 岁，全职主妇

婚姻标准

中老年女性对丈夫有多么恨之入骨，无法估量。

"究竟该怎样报仇？"

居住在神奈川县的野村丰子（化名，70 岁）生活堪忧。

丰子是一名全职主妇，丈夫是一名公司职员。两个孩子已经成人，目前，家里只剩下夫妇两人。正当他们准备安度晚年时，丰子发现丈夫多年来一直都有外遇。

当年，丰子通过相亲认识了在一家大型制造业公司工作的丈夫。婚前，丰子在当地一家小公司做事务性的工作。结婚以后，丰子辞了职，成了一名全职主妇。每当丈夫有工作调动时，她都跟随他一道去，扮演着"保护家庭""支持丈夫"的贤内助角色。

女性一结婚便辞职，专心当一名全职主妇，是丰子年轻时日本社会的婚姻标准。

婚后不久，丰子生了一儿一女。当时，丈夫公司的福利不错，提供了员工住房。丰子平常做完家务后，和邻里的主妇们聚在一起拉拉家常，周末参加小孩子的各种活动，过着非常平稳、安定的生活。

孩子上小学时，丰子夫妇买了房子，终于拥有了"自己的家"。全职主妇们喜欢相互攀比，一聚在一起就夸耀丈夫、房子及孩子——孩子学习如何好，运动成绩多么棒。住在员工住房里的妻子们都是全职主妇，如果有人出去打工，会被众人取笑。由于大家对彼此的学历和工资基本了解，一旦某人的妻子外出工作，便会被怀疑是这户人家欠了债。那个时期存在"妻子工作，低人一等"的观念。

丈夫平日加班到深夜，节假日也要外出工作。为了家人，丈夫理应一心一意努力工作。是的，辛勤工作的丈夫人品毋庸置疑，可是，丈夫退休以后，丰子发现他这些年背叛了自己一次又一次。

天天去喝酒的丈夫和勤俭节约的妻子

刚结婚的时候，我丈夫就跟我说："喝酒应酬也是工作的一部分。"他几乎天天都是凌晨才回家。慢慢地，我习惯了不知道他什么时候回来的生活。有时，他早上回来，我问他一句，他便说："老板叫我一起打麻将，回不来。问什么问？烦不烦?!"他这样讲，我就不再过问了。

我丈夫早上7点半出门上班。我做好便当，目送他出门后，既要照顾孩子，还要打扫屋子、洗衣服、买菜做饭。公司里的上下级关系对邻里之间的关系有很大影响，所以，我也要特别留意处理好和邻居的关系。

每个月，丈夫都会给我一笔固定的生活费。虽然够花，但我为了节约，每天都去不同的超市买菜、比价。10年来，我没给自己买过一件衣服，破了就补补，继续穿。但该给孩子花钱的地方，我一分钱也没有省过。

由于丰子的父亲创业失败，丰子小时候家里生活很困难。她靠奖学金读完了高中，虽然成绩优秀，但家里供不起她继续上大学。因此，把自己的孩子送进高等学府、接受大学教育是丰子梦寐以求的事。

"虽然我丈夫现在收入稳定，但谁也不知道会突然发生什么。"丰子丝毫不敢松懈，给孩子存着上大学的钱。

可丈夫完全不理会丰子的想法，花钱大手大脚，零花钱都用在了喝酒上。他还有一个自己的小金库，丰子不知道他背着自己究竟花了多少钱，反正每晚都是醉醺醺地回家。

孩子小的时候，我丈夫似乎完全看不到家里可爱的孩子们，周末不是去"工作"，就是去"打高尔夫球"。我如果不满地劝他一句"和孩子一起玩玩吧"，平时温和的他就会大发雷霆，吼道："我挣钱养着你，你连个孩子都不会自己带?!"我感觉我们像个单亲家庭。

我一心扑在孩子身上，对丈夫大意了。真是失败啊！当时要是跟踪一下他，抓到证据，趁年轻离了婚，也许日子就不会像现在这么糟了。真后悔！

出轨的迹象

女儿上小学时，我确定丈夫有了外遇。70年代还没有手机和电脑，联系只能用信件、公用电话或家里的固定电话。节假日，他会往裤兜里装些硬币，说声"我出去遛个弯儿""我去买包烟"，渐渐地，他出门的次数越来越多。有时我去买东西，看到他在公用电话亭里，表情严肃地讲着电话，好像在向对方道歉。他不断地从口袋里拿出硬币，一个接一个地往电话里塞。

我走过去问他："怎么了?"他小声地说一句"糟了"，马上就挂断了。

我忍不住好奇，追问他，他总用"在给业务伙伴打电话"来搪塞我。有一天，我丈夫刚到家，家里电话响了。像往常一样，我接起电话，那头传来一个年轻女子的声音："您丈夫回家了吧？"直觉告诉我，这是他的外遇对象。可我丈夫却说："是喝酒的地方打来的。我把东西落在那儿了。"

类似的事情发生了好几次。丈夫总在第二天凌晨或上午才回家，再怎么迟钝，丰子也起了疑心。她问丈夫是不是外面有人了，仔细地过问某一天他是不是真的去工作了。有次追问的时候，丈夫大喊一声"烦人"，举起手，一拳打在了丰子脸上。丈夫以前从来没有打过丰子，那天，他只想挥挥拳头吓一吓丰子，没想到用力太猛，碰到了丰子的脸。丰子的一只眼睛顿时青了一圈。

那天之后，丰子一整个月没跟丈夫说话。她想到了离婚，但"我一直在家当全职主妇，又有两个孩子。离了婚，我没有能力让孩子接受好的教育。从经济上考虑，离婚对单亲妈妈不利的因素太多了。只能忍，没有别的办法"。丰子打消了离婚的念头。

打开了潘多拉的盒子

孩子们陆续上了初中、高中，进入大学，但丰子的丈夫依然照喝不误，几乎天天都是喝完酒才回家。自从决定忍下丈夫有外遇的事，丰子便将她对丈夫的猜疑埋进了心底，但丈夫退休后，潘多拉的盒子被打开了。

退休后，丈夫从公司带回了一个装着私人用品的纸箱。纸箱上一直封着胶带，10年都没有打开。孩子们长大成人，先后结婚从家里搬了出去。丰子打算重新布置一下家里，给自己收拾出一间屋子。整理东西时，她有一天突然对丈夫带回来的纸箱产生了兴趣。

这么多年没有打开，里面的东西扔掉也没有关系吧。丰子这样想着，打开了箱子，打算分类整理一下，把不用的东西扔掉。结果，箱子里塞满了丈夫与其他女人约会的照片、其他女人写给丈夫的情书，甚至还有电影票和游乐园的门票。丰子用颤抖的手打开了其中一封信，信上写着："你爱我吗？想早点和你结婚，想永远和你在一起。你什么时候离婚？"

丈夫每天说是去喝酒，其实是和一个20岁左右的女孩约会。他似乎还跟陪酒女交往过，那女孩和自己的女儿同龄。丰子像要把照片看穿似的，死死地盯着，久久不能从惊愕中回过神来。看着照片上的日期，丰子想，这是孩子几岁时的事呢？

儿子从小身体弱，很容易感冒发烧，可就算烧到40多度，孩子难受得不住呻吟，我丈夫嘴上说"真希望发烧的是爸爸啊"，却还是扔下一句"今天要晚些回来"就上班去了。下班后，他像往常一样照喝不误。

几天后，儿子的病好了，女儿又病了。最后，照顾孩子的丰子也被传染了感冒。丰子病得意识模糊，却不得不强打精神陪着精力充沛的孩子们玩。晚上也要强忍着浑身酸痛，打着寒战给孩子们洗澡。

"一想到我那么辛苦的时候，他居然在和别的女人亲热，我就懊悔得不得了。我怎么那么蠢啊！真想一刀捅死他。"丰子陷入极度消沉之中不能自拔。

最近，电视和报纸上经常有妻子杀害丈夫的报道。我想，肯定是因为男方出轨吧。

分一半退休金也不够生活费

丰子把她找到的证据拿给丈夫，指着照片问："这是什么？"丈夫佯装不知，说："不知道啊，我不记得。"拒不承认出轨。丰子把情书在他眼前打开，他说："这是什么？哦，那个人自作多情而已。"把自己撇得一干二净。

从那以后，我对电视和杂志上有关丈夫出轨的新闻都特别敏感。一直忍气吞声的妻子，是怎么报复丈夫的？这个问题总在我脑海里盘旋。

虽然我已经70岁了，但是身体没一点毛病。没准开始"第二人生"也不是痴心妄想。如果能住在孙子家附近，就更好了。再中个奖的话，马上就能离婚。可是，现实并不这么简单。靠退休金生活的两个人，必须住在一起才能过下去。

如果离婚，判给我的抚慰金和生活费能有几个钱？不用想就知道，根本不够一个人过日子。就算我能拿到他一半的退休金，算下来也没有多少钱……

以前，公司职员的全职主妇妻子（第三被保险人）无权领取丈夫的养老金。不过，从2008年4月起，日本开始实施"离婚分割退休金"制度，妻子离婚后能够拿到丈夫一半的养老金，但这笔钱并不足以支撑妻子离婚后的生活。根据内阁府《高龄社会白皮书》（2013年）中的"团块世代经济状况"调查，在1947—1949年出生一代人的主要收入来源中，有一半是养老金。团块世代家庭年收入为240～300万日元的占比最多，其次是300～360万日元、360～480万日元、180～240万日元（图3-2）；储蓄金额最高在1 000～2 000万日元之间，即使得到一半，也不够负担独自生活的开销。

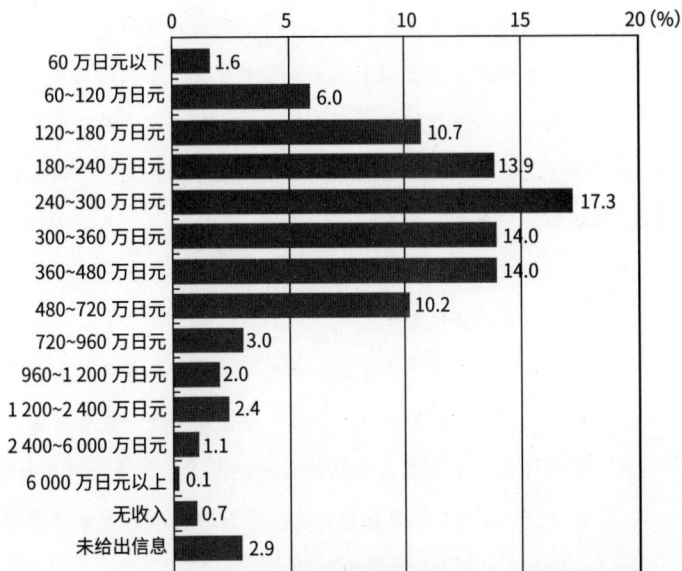

图 3-2　团块世代家庭年收入

资料来源: 内阁府《高龄社会白皮书》(2013 年)

先报仇，再闭眼

比生活费更让人烦恼的是，如果离婚，丈夫一定会很快找个女人再婚。怎么能这么便宜了他？绝对不行！就没有让他生不如死的办法吗？

我的一位朋友说，让她受尽苦头的丈夫瘫痪以后，她把丈夫送去了养老院。她几乎不去探望，偶尔去一次，还故意把水杯放到丈夫的手似乎能碰着但又够不到的位置，看着丈夫着急痛苦的表情呵呵直乐。我的朋友就是要让她丈夫知道，这都是他的报应。对啊！可以这样啊！我心里瞬间敞亮起来，心情好了许多。

如果是我的话……

我等不及他瘫痪。

等他瘫在床上再报复，太晚了。万一我先死了，那不全都完了？我必须尽快报仇。我十分注意自己的饮食健康，但不再提醒他少吃多盐辛辣的食物，因为我希望他得高血压、脑梗，一命呜呼。我甚至想过，他70多岁死了我拿不到多少保险金，他怎么早些年没死呢？

——唉，如果我有钱的话，所有问题就都解决了。

真的中不了彩票吗？丰子依然抱着一线希望。她暂时别无选择，只能让丈夫管家——至少是三餐一宿有着落的安稳生活。如果丈夫稍有微词，丰子就让他滚。让他支付抚慰金，和他离婚。

"房子、存款都归我，你出轨了，你得净身出户。"

如果他承认出轨，我就可以这样对他说。简直就像在打一场持久战。无论如何，报仇之前，我不能死。等他卧病在床需要照顾的时候，我绝不管他，马上送他去养老院，永远不去看他。我就算去，躺在床上动不了的他提出任何要求，我也都会不理不睬、冷眼旁观。我辛辛苦苦守着家、照顾着孩子，他却和别的女人花天酒地。40多年啊，他否定了我的一生。这种痛苦该如何摆脱？这个问题始终纠缠着我

*

这是一辈子支持丈夫的事业，却在某一天突然发现自己被背叛的妻子的心境。丈夫可以把一切都当成过去，但妻子的怨恨从知道真相的一刻才刚刚开始。这种恨意此后会一直存在，挥之不去。

"几十年过去了，我也不会忘记得知自己被背叛时的愤怒。只要一想起来，胸中就会燃起一团怒火，让人几近发狂。"丰子说。

团块世代妻子们的忧伤

——68 岁，全职主妇

丈夫是名副其实娇生惯养的长子

出生在北陆地区的大平信子（化名，68 岁），每天都盼望着自己的丈夫早点过世。

信子和丈夫是恋爱结婚的。丈夫退休前，是一家上市公司子公司的总裁，信子是令人羡慕的总裁太太，但他们的爱情早在多年前就消失殆尽了。

信子出身农村，考上了东京的一所短期大学，还取得了营养师资格。在她的家乡，很少有人像她一样。

"25 岁的时候，我回家参加初中同学聚会。出门前，我妈妈跟我说：'只有你还没嫁出去，别去丢人了。'"

那是一个女孩子不必上大学而应该赶快嫁人的时代。就算有工作，女性婚后也会自然而然地辞职。如果一位女性快30岁还没结婚，会被人叫作"老女人""老处女""老姑娘"等等。在那场同学会上，信子和丈夫相遇了。丈夫大学毕业，在一流公司工作。两人迅速坠入爱河，不久后，踏入了婚姻的殿堂。

信子的丈夫是家里的长子。在信子的家乡，还保留着"长子为尊"的传统。丈夫从小饭来张口、衣来伸手，是名副其实娇生惯养大的长子。

即便进入社会、当上公司总裁之后，所有的杂事也都由下属为他打理。在家里，他也是十足的大男子主义，对待信子就像对待公司员工。信子婚后并没有停止工作，她先在一家医院担任营养师，30多岁的时候，又去做了牙医助理。由于工作出色，她破格拿到了每小时1 000日元的高薪，但是，信子的丈夫完全没有"夫妻共同工作"的意识。

虽然从家到车站只需要步行10分钟，但是信子每天必须开车接送丈夫上下班，如果晚到5分钟，丈夫就会发脾气，生气地说"不坐迟到的家伙开的车"，然后赌气走路回家。若是在路上迎面碰到来接他的信子，他也绝不上车。在家里也是乱来，晚餐时如果信子忘了摆他的筷子，他就直接用手抓着米饭吃，强调自己的存在感。他从来不会自己去泡一杯茶。信子的丈夫觉得，一切都应该在他需要的时候，自动地出现在面前。信子对这样的生活厌恶至极。

"要是你挣的和我一样多，我就做家务"

信子的丈夫月薪 100 万日元左右，在当时算是高收入，可他每个月只给信子 6 万日元家用，其余的钱都归他自己所有。他说："我在存养老的钱。"他每个月似乎能存 25 万日元，但总共存了多少钱，他从来没有告诉过信子。因为信子婚后继续工作，她的工资可以自由支配。家里的水电费、保险费等固定费用由丈夫支付，外出就餐的费用，由信子支付。

女儿很小的时候，有一次全家去野生动物园玩。丈夫突然无故生气，撇下信子和女儿，自己开车回家了。信子母女俩只好自己坐车回家。丈夫类似的任性举动数不胜数。不过，真正让信子失去耐心的，是丈夫无意间的一句话。

有一次，信子随口对丈夫说："你也做点儿家务嘛。"

丈夫回答："要是你挣的和我一样多，我就做。"

这话不该说。信子的丈夫认为"男女分工不同"，内心是蔑视妻子的。信子被丈夫伤了自尊，从此，再没要求过他做家务。

信子在医院做营养师时，尽职尽责，工作非常努力。如果患者半夜有意外情况，她也会第一时间赶去医院。工作本没有男女性别之差，可丈夫却因自己赚钱多而轻视信子，令她的内心很难平静。

信子夫妇同岁，毕业于同一所中学。当年读书时，她比丈夫更加优秀。"明明成绩比我差，还这么狂妄！不就因为是男人，不用照顾孩子，才能一门心思扑在工作上吗?!"信子无法按捺心中的气愤。如果没有中断二十几岁就开始做的医院工作，信子现在也会拥有一番大好事业。

女性因为结婚、生子，不能持续经营自己的工作。团块世代认为，女性做全职主妇理所应当，出去工作反倒遭人侧目。他竟会说出"跟我赚的一样多了再指使我"这样的话！

话一出口，信子对丈夫的感情就瞬间降到了零点。

团块世代的男人就是废物

信子虽一直想离婚，但由于母亲再婚留下的阴影，她迟迟下不了决心。婚后，信子和丈夫融洽的相处加起来不超过 10 年，之后，她便专注于自己和孩子的生活，日子过得根本算不上开心。生活需要钱。女人和男人不同，女人必须为了孩子忍耐。

我丈夫退休以后，我好心建议他"做点什么"，他却气冲冲地朝我喊："用不着你来命令我！"我一和他说话，他就跟我吵。慢慢地，我不开口了。不说话我们反倒相安无事。

待在他身边相当痛苦。他睡觉时呼噜打得震天响，身上的老人味令人作呕。和他同处一室，简直忍无可忍。我跟他说"我去楼下睡"，自此和他分了房。

我丈夫通常都待在二楼。我总是趁他在一楼饭厅吃饭，去二楼晾衣服。收衣物也瞅着他不在的空隙再去。只要他在身边，我就像要窒息。每次不得不去二楼做事的时候，我总在心里冲他喊："赶快到别的地方去。"

偶尔，我问他要不要一起出去吃个饭，他马上火冒三丈地说："不要做临时决定！不去！我就在家待着。"他还以为自己是总裁，凡事必须提前几天预约。所以，他每天只能无所事事地待在家里。搞什么？还以为我是你公司的员工吗？

我让他"看着点外孙"，他就真的只是用眼睛看着，也不跟外孙说话，连外孙的名字都不叫一声。当然，更不会替外孙换尿布。

我们和两个女儿带着外孙去海滩玩，他什么忙都帮不上。外孙让他"抱抱"，他说"腰疼"，从来不抱。偶尔抱一下，不到5分钟就像交接接力棒似的把孩子往女婿怀里塞。走上坡路时，大家都拿着很多东西，他却只管甩着两只手往前走，不知道帮忙提个包。

两个女儿在沙滩上费力地搭帐篷，他却只是站在旁边，问都不问一声孩子们是否需要帮忙。

"团块世代的男人就是废物。没带过自己的孩子，所以根本不会带外孙。什么都指望不上。所以，对他完全不抱任何期待是最正确的选择。"信子说。

落花不返枝头

附近同代的女性经常聚在一起吐槽丈夫，很多槽点并不好笑。信子有一位朋友的丈夫掌控着全部退休金，她连 1 000 日元、2 000 日元的点心都没法给孙子买。丈夫要是不高兴了，甚至连日常生活必需的钱都不给她。所以，为了讨丈夫欢心，她不得不陪他去自己并不想去的场合，参加自己并不想参加的应酬。这样的故事比比皆是。

信子还有一位朋友，温顺善良得连一只小虫子都不忍心打死。她的丈夫退休后，带着退休金不知去了哪里。信子觉得，自己必须得存些私房钱，于是，一边提醒自己"我没钱"，一边一点一点存钱。这也是信子一直坚持工作的理由。为了讨得一点生活费，不得不向丈夫献媚的女性，真是太可怜了。

目前，信子在一家幼儿园做营养师。做这份工作除了钱的原因，也是她不想和丈夫一起待在家里。

到我们这个年纪，离婚是不可能了。不管我们俩谁搬出去，都要多花一倍的钱。靠养老金度日的我们，为了不产生额外的花销，就算心里再不愿意，也必须住在同一所房子里。不过，他住二楼，我住一楼。现在，虽说是住在同一屋檐下，但他要是哪天死了，我可能都不知道。我真想他早点死。这样想，是迫不得已的。所有团块世代的女性都这样想，大家都对自己的丈夫积怨已久。

信子的一位朋友在丈夫去世后，好似获得了新生，每天神采奕奕，一年出去旅行4次。这位朋友说："终于不用每天在家里点头哈腰了，也不用发愁自己外出期间要给他准备什么饭菜。这种生活太轻松自在了。"

"和独裁的男人一起生活，渐渐会变得心如死灰。"信子说。不管说什么，都会被他抱怨，让他帮忙做一件事，他至少要过一个星期才付诸行动。这样的生活日积月累下来，当然"希望他快点死了"。

"丈夫去世了，您不会感到孤独吗？"

听我这样问，信子直言："一丁点儿都不会。死得越早越好。他死了，我就轻松了。

"今后，我和我丈夫就像永远不会相交的两条直线。他说过的伤我的话，我永远都忘不掉。一想起那些话，我就不想和这个人白头偕老；一想起那些话，我就在心里说，原来他是这样的人啊！心里面凉透了。我想，很多人都是这样吧。肯定不只我一个有这样的感觉。"

"如果您丈夫卧病在床，您会照顾吗？"

"就算他摔瘫了，我也不管。这样的话，我不就把迄今为止的仇全报了吗?!"信子的兴致突然高涨起来。

落花不返枝，破镜难重圆。

这是一句形容事物一旦损坏，就再也无法恢复的谚语。记忆中的"这种时候，他这样说；那种时候，他那样做"，让妻子们再没有什么可以回心转意。

"软饭男"之末路

——65 岁，美容师

看似值得信赖的年长丈夫的真面目

花村叶子（化名，65 岁）有个吃软饭的丈夫，她长年积累的怨恨与前文中信子的愤怒不相上下。

"那家伙的骨灰是埋在坟里，还是扔到山手线的火车上，全看我的心情。"

这样过激的话，叶子竟然是哈哈大笑着说的。

50 岁之前，叶子对丈夫温顺体贴、一忍再忍，忍耐力堪比"阿信"。可现在，她对丈夫横眉冷对，常冲他吼："烦死人了！滚远点儿！"

最近，叶子强迫 73 岁年老体衰的丈夫立下了遗嘱。

一辈子游手好闲，乱花的钱都能盖一栋房子了。我们现在住的房子竟然写的是他的名字，这怎么可以！钱是谁辛辛苦苦赚的？这房子是我的！

叶子到底经历了什么？

叶子 20 岁时，嫁给了大她 8 岁的丈夫。那时，她懵懵懂懂、不谙世事，觉得丈夫看上去非常可靠，是个可以托付终身的人，但叶子看走了眼。叶子和丈夫在同一家美容院工作，两人梦想着有一天能开一家自己的美容院。

刚结婚时，他们住在没有浴室的房子里，穷得连去公共澡堂洗澡的钱都没有。每个月，丈夫只给叶子 2 万日元的生活费。叶子必须用这 2 万日元，解决两人一个月的伙食和所有日常支出。虽然丈夫一结婚就暴露出了顽劣的本性，但叶子觉得既已结婚，便不能回头。从此，一忍再忍的生活拉开了序幕。

叶子辛辛苦苦工作一天后，回到家把饭做好端上桌，丈夫却破口大骂："这么难吃的东西，谁咽得下去？"这饭可是叶子精打细算、费尽心思做出来的。工作忙的时候，叶子常把两顿的菜一次炒出来，盛在一个大盘子里。可等叶子做完饭、收拾完厨房，终于坐到饭桌前时，丈夫已经把放在桌上的菜吃得一干二净。叶子抱怨说："我还没吃呢。"丈夫却说："你还想吃?!"完全是对待下人的口吻。这种态度，已经远远超出了大男子主义的程度。

这样的日子过了 6 年后，叶子终于攒够钱，不仅买了房，还开了一家美容院。但要养孩子、还贷款，生活并没有轻松多少。自开店以来，叶子的丈夫便做起了甩手掌柜。来客人了，他扭头吩咐叶子一句"你来做"，便继续看电视。

> 其实，刚结婚不久，我就想离婚。我回家跟我妈妈商量，她根本不明白我的处境，还劝我不要再回娘家。那时还是一个女人必须忍耐的年代。尽管我觉得自己像个女佣，可还是说服自己"女人就是要忍耐"，没再考虑离婚。

> 我是 25 岁时有的孩子。怀孕以后，我丈夫就夜不归宿了。他常常去泡夜总会，一次就花掉 5 万日元。10 年不间断地一周去两次，每个月都要用掉 40 万。我一问他"钱花哪儿了"，他就向我吼："我的钱！你管得着吗？"

叶子的丈夫 1941 年出生，在农村长大。不管发生什么事，他都会鄙夷地说"女人""头发长、见识短"，把一切都怪罪到叶子身上。叶子的父亲也一模一样。在鄙视女性的氛围中长大的叶子，每次听到丈夫那样说，都不知该如何应对。叶子 20 多岁时，有一次忍无可忍，从家里跑了出去，可她在家附近转悠了差不多两个小时，也不知道自己能去哪儿，最后只好回家。

叶子只要卖力地工作，丈夫就心情愉悦。一旦叶子感冒生病，他就阴沉着脸。美容院的生意渐渐走上正轨，叶子也存下了一点钱，可一存到200万日元，丈夫就跑去国外旅游。于是，账户金额重新归零。10年，这种情形不断重复，从未间断。

一生无法忘记的一句话

拼命工作的叶子累病了，丈夫对她的态度极其冷淡。38岁时，叶子查出了宫颈癌，可能要切除子宫。丈夫听闻，对她说："切了子宫，你还算女人吗？"

我一辈子都忘不了这句话。从那天起，我不准他再碰我。

年复一年，我一直忍耐着。50岁的时候，一位老顾客的话点醒了我。她担忧地对我说："你呀，如果不改变一下自己，你这辈子就白活了。"

叶子53岁时查出肠癌，做了手术。丈夫每次到医院探望时，都会抱怨："你躺着倒舒服，我快要忙死了。"因为不能确定癌细胞是否已经转移而心烦意乱的叶子，在心里说："拜托，你别再来了。"

住院那两个月，叶子盯着病房的天窗，思考着那位老顾客对她说的话。

"从今以后，随便那家伙说什么，都和我无关。"

叶子决定在精神上与丈夫决裂。

这时，叶子的丈夫过了60岁，渐渐变得像一片粘在鞋底上甩不掉的"潮湿落叶"。他和叶子的角色似乎调转了过来。

叶子60岁之后，完全无视丈夫。他们的女儿对父亲也不理不睬。两年前，叶子的丈夫做了前列腺手术，女儿对他说："切除了前列腺，你还算男人吗?"女儿为叶子报了仇。"不愧是我闺女!"叶子瞬间神清气爽。

现在，65岁的叶子在家里完全取代了丈夫以前的地位。叶子是大佬，丈夫是叶子养在家的瘪三。

"强大起来的感觉，真是太好了!"

我不禁在心里为叶子鼓掌叫好。

"等他痴呆了再折磨他就没意思了。"叶子说。

折磨丈夫的方式有很多种，首选是无视。不管他说什么，都只回答："听不见!"即使待在一栋房子里，也尽量不碰面。"趁那家伙去厕所，我就跑去别的地方。我本来不想再给他做饭，但他出去吃更浪费钱，所以，就随便给他做一口。"

最好的报复

等他死了以后，我再好好报复他。

我要把他的骨灰放在一个可爱的小袋子里，然后，把袋子放在山手线火车的行李架上！

如果叶子把骨灰留在火车行李架上，骨灰就会被当作乘客的遗忘物品由 JR（日本铁路公司）存放。之所以选择山手线，是因为那是一条环线，很难查出物品的主人；若是其他路线，估计很快就能查出来是谁把骨灰放在了车上。骨灰存放在 JR，等存放期过了还没人认领，就会被移交给警察，然后，被随便埋在什么地方。

当一位客人告诉我，有人把骨灰丢在了火车上的新闻时，我在心里振臂高呼："就这么干！"

东日本 JR 的发言人说："由于涉及隐私，不便公布具体情况。"警察局的发言人也说："详细信息不便公布。"因此，究竟有多少骨灰被扔在了火车上，无法确认。不过，还是不知道为好……

叶子认为："把骨灰扔掉，应该不是因为家里没钱安置。如果没钱，完全可以把骨灰存放在家里。扔的人肯定对死者恨之入骨。"

　　客人跟我聊扔掉骨灰的新闻时，我丈夫也在场。他当时神情黯然，好像意识到自己的骨灰也会遭此下场。

　　——我会报复你的。我会把你自己造的孽如数奉还！准备好笑纳吧。

叶子哼起了歌。

"你问我他卧病在床需要护理时怎么办？"

　　听说附近的养老院一个月要 28 万日元！"我可不想为他每个月花 28 万。就让他在家里躺着。嗯……一周给他洗一次澡吧。管他怎样，我可要健健康康、长命百岁！"说到这里，叶子精神抖擞、容光焕发。

　　所以呢，买个最便宜的棺材把他烧了，装到 3 000 日元左右的便宜骨灰盒里，然后，扔到山手线上！我就是要这么做。

"去死！浑蛋！"这样想过不知几百次

　　结婚 46 年，"被他欺凌了 40 年"，孩子们结了婚，生了孩子，

60岁以后，叶子决定掌控自己的人生。

迄今为止的40年里，我不知想过多少次"去死！你这个浑蛋！"，也想过半夜拿长钉子扎死他，可杀人是犯罪，不能这么干。

叶子赚的钱都被丈夫像打水漂儿似的花得一干二净。叶子对丈夫说，他必须一直工作到咽气的前一秒钟，否则，无论在家里还是店里，都没有他的容身之地。叶子觉得即便离了婚，下一个男人也不会好到哪里去，因此，决定"就和这家伙凑合着过"。

叶子的父母离了婚，她不想让别人嚼舌根，说："果然父母离婚的孩子也会离婚。""再说，为了孩子，我也不能离。"

于是，为了摆脱丈夫的欺凌，叶子逼他出去工作赚钱。

回想起来，还是因为被他那句"切了子宫，你还算女人吗"彻底伤透了心。那时，我才38岁，风华正茂。他说出那句话的晚上，我搬去和孩子一起睡了，从此再没让他碰过我。

孩子渐渐长大后，家里的房间不够用了。我本想以他"上下班来回跑太辛苦"为由，租个房子，把他赶出去，可每个月交10万日元的房租太不划算。于是，我凑了些钱，扩建了房子。他看到新扩建的房间，说："我喜欢这个房间。"我心想："等的就是你这句话！"当时，我真想为自己作战胜利干一杯。通过改建房子，我把丈夫扔了出去，和他彻底分居。

每个月，我给他一些零花钱。刚开始，一个月5万日元，后来减到了3万。现在，每个月只给2万，他也不敢埋怨。我经常冲他吼：

"你知不知道都是你把钱玩光了？"

"别睡了，起来去上班！"

他感冒了，我也不管，对他说："自己的病自己治。"他不敢回嘴。有时，他也为我做点什么，但任凭他做什么，都抵消不了他对我的伤害。女人记仇，会记一辈子。

怕被扫地出门的丈夫

我一直认为，不管怎样，到孩子成年为止，我都不能离婚。单亲家庭的孩子会受歧视，而且离婚在经济上、时间上也不现实。父母离婚，对孩子们的将来影响太大。

不知是不是我丈夫怕自己真的会被扫地出门，他快70岁的时候，突然对我言听计从。估计他担心自己会孤独终老，没人管吧。他还没老糊涂，又无力抵抗，我现在不报复，还等何时？我对他在我怀孕的时候，去夜总会夜夜笙歌怨恨太深了。

不管怎样，先驯养，再劳役。我要让他工作到死为止。我要对他说："你要工作到咽气前一秒。"还要对他说："哇，我听说了一件好玩的事哦。有人把骨灰丢到山手线的火车上，让骨灰转圈圈。到时候，你的骨灰是转是埋，全看我的心情哟！"这样一想，我就开心得不得了。

职业女性必须强大？不，是男性太差劲，女性才变得强大。可别忘了，是女人生下了男人。喂奶、换尿布，女人含辛茹苦地把男人养大成人，男人却把一切都抛在脑后，叫嚷着男尊女卑。这是什么逻辑？别再欺骗女性了！每次看到讨论日本什么时候能有女性当选首相的新闻时，我都这么想。

男性，只不过靠着可怜的自尊活着，姓氏问题就是一个活生生的例子。男性必须是户主，房和车都必须在男性的名下。为什么男性要斤斤计较这些？为什么一旦妻子成为家庭的中心，丈夫就百般不愿、怒气冲冲？

一直到五六年前，每年过情人节，虽然只是个形式，叶子还是会买一块便宜的巧克力，送给丈夫；她丈夫呢，也会在叶子过生日和结婚纪念日的时候，送她礼物。有一年，叶子觉得已经是老夫老妻了，没有必要再送丈夫巧克力。结果，丈夫火冒三丈，质问道："为什么不给我送巧克力？"从那以后，他也不再送叶子任何礼物。"连一块50日元的巧克力都这么看重啊？"叶子想，"男人真是太蠢了，太容易操控了。"

于是，如本节开头所写，叶子咨询过税务师后，强迫丈夫写好遗嘱，并做了公证。

为了让丈夫立遗嘱，叶子对他说："我们的两个孩子肯定会为遗产起争执，不如把全部遗产都放在我名下。另外，等我们动不了的时候，他们是不会照顾我们的。所以，我们把房子卖了，去养老院吧。"丈夫一听，表情瞬间变得极为温柔，他说："实话说，我也在为这事担心呢。"然后，爽快地按照叶子的意思写好了遗嘱。

日久生情

叶子的一个全职主妇朋友，长年累月地存钱。她丈夫退休后，她对丈夫说："孩子都搬出去了，家里空荡荡的。我们把房子卖了，买个小公寓吧。"结果，她安排丈夫住进租来的公寓之后，自己拿着卖房子的钱逃走了。"只是嘴上说说'去死'的妻子，真的还算是可爱的呢。"叶子说。叶子的另一位女性朋友，决定让丈夫"身无分文"。她停了丈夫的保险，带着所有资产销声匿迹。"这是不是更让人毛骨悚然？"叶子说。也许，女人过了60岁，就无所畏惧了。

叶子还有一位朋友，她丈夫收入颇高，80多岁依然有性需求。当他被75岁的妻子拒绝后，不仅在外面找了一个情人，还厚颜无耻地对妻子说："你想见见（情人）吗？"这位丈夫是个暴君，脾气上来会把装满水的水桶直接从楼梯上踢下去。朋友向叶子诉苦时，叶子对她说："如果我是你，我就把抹布上的脏水拧到他喝的味噌汤里。"叶子的朋友笑了，心情好了起来。

其实，叶子对丈夫恨到极点时，用丈夫的牙刷刷过马桶。刷完后，直接把牙刷放回牙缸。看着一无所知的丈夫用那把牙刷刷牙，她心里无比舒畅。一有机会，叶子就把这些报仇的小计谋分享给朋友们。

有时，我真想把我丈夫杀了，但每次出于道德伦理，我都把这个念头压了下去。不过，如果有一天真把我激怒了，这40年的仇恨会喷泻而出。

我甚至对他说过这样的话："别死在家里。最好被一辆豪车撞死，我还能赚1 000万日元的保险金。"他静静听着，一言不发。不过，奇怪的是，这句话刚说完，下一句我们却像普通夫妻一样，拉起了家常。

我们没有离婚，可能是因为在一起这么多年，日久生情了吧。他也并非一无是处，如果我跟他抱怨："我那个朋友怎么能对我说这样的话!"他会劝我:"别和价值观不同的人一起聊天。"

孩子上托儿所的时候,听说一同参加亲子会的父母在背后说了我的坏话,他也教我:"不要怕,有什么说什么,直接怼。"后来,我照他说的做了,自此再也没人讲过我的坏话。如果我下班回家太累了,他第二天也会偶尔早起,帮我打扫房间。可能因为这些吧,我们才没有离婚。

我丈夫还是有一点儿可取之处的。其实,真要是我一个人的话,恐怕没办法继续经营这家美容院。也许,我让他"工作到咽气",其实是我想到死都要和他在一起吧。也许,是因为我不想一个人打扫房间,一个人洗衣服。

叶子咧嘴一笑,又加了一句:"不过,以后我还是会用他的牙刷刷马桶的。"

第四章

丈夫的生存之道？

奶爸们的现实与理想

如今，接送孩子上托儿所的男性越来越多，抱着孩子上街的男性也随处可见。这和10年前大不一样。10年前，在工作日带着孩子外出的男性会遭人白眼。当时人们普遍认为，只有失业的男性才会照顾孩子。

对男性来说，就算有做家务和照顾孩子的意愿，如果得不到职场的理解，也会心有余而力不足。职场对男性育儿的偏见，是传统观念残留的桎梏。随着时代进步，年轻人的育儿观念有了变化，但作为公司老板的上一代人观念依然陈旧。老板和年轻员工之间的代沟，严重阻碍着年轻男性承担家务和育儿的责任。另外，当下就业形势严峻，也是男性承担育儿责任的阻碍。

究竟为何男性明明"心里也很苦"，却仍被妻子诟病？本章将逐一分析原因，并探讨丈夫应如何做才能避免被妻子怨恨。

"真的太苦了！"——非正式员工的育儿

"奶爸？那不是左手抱着孩子，右手拎着名牌产品的幸运男人吗？"

一位研究女性就业等问题的权威人士如此说。

没有稳定的工作和收入，就无法避免结婚和育儿对自身事业的影响。要想平衡工作与家务、育儿之间的关系，更是难上加难。

林田广树（化名，38岁）是一名非正式员工，一直处在不知何时会被公司解雇的恐惧当中。

由于正值就业困难时期，广树面试了很多公司，都未能得到工作。最终，只能去做派遣社员[1]或零工。两年前，他开始在一家批发超市打零工，最近"升"为了合同工。虽然月薪有30万日元，但必须加够70个小时的班才能拿到全额工资。而在被公司强迫加班超过100个小时的情况下，公司却以"固定工资"为由，从未多给过他一分钱。若投诉，就会惨遭解雇，所以大家都不敢发声。超市的工作内容除了接待顾客，还有整理库存、采购和配送。一旦出错，便会被店长骂得狗血淋头。

可是，不管怎么说，对此前一直都是非正式员工、月薪只有20万日元的广树来说，这是一份有机会转为正式员工的工作，他只能咬紧牙关坚持下去。他说："家里有老婆孩子。这份工作很可能是我最后的机会了。"

过去，年富力强的人很少做非正式员工的工作，如今，像广树这样的人日益增多（图4-1）。从1990年到2015年，日

---

1 派遣社员：日本企业中的一种职业。由派遣公司专门管理，用人单位按工作时长支付给派遣公司相应的酬劳，派遣公司扣除一定的费用和利润后，支付派遣社员工资。

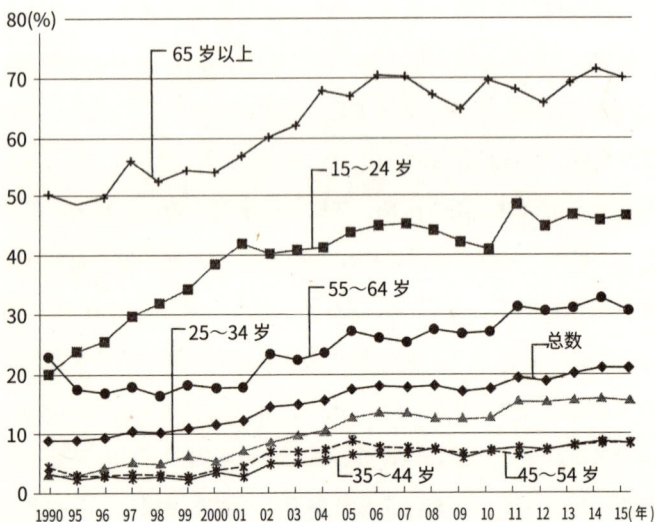

图 4-1　不同年龄段男性非正式员工比例变化

根据总务省《劳动力调查》绘制

本 25～34 岁的男性非正式员工由 3.2% 增加到了 16.5%，35～44 岁的男性非正式员工从 3.3% 增加到了 9.5%（总务省《劳动力调查》）。

没有机会成为正式员工，只能以非正式员工身份参加工作的"非自愿型非正式员工"中 30 岁左右的占比最多。据总务省的调查数据，2015 年，25～34 岁的男性"非自愿型非正式员工"平均占比为 26.5%（71 万人）；35～44 岁的平均占比为 17.9%（67 万人）。从工资金额看，以广树的年龄层为例，35～39岁的正式员工平均时薪为1888日元，而非正式员工的时薪只有1068日元（厚生劳动省《工资结构基本统计调查》，2015年）。

广树的孩子只有三岁，必须有人照看。广树每天都要加班，所以育儿工作全交给了妻子。广树心里很过意不去，想帮妻子一把，可超负荷的工作让他心有余而力不足。广树的妻子也是派遣社员，每三个月续签一次合同。如果孩子频繁生病发烧，请假过多，工作合同马上会被终止。此外，妻子也有自己的其他烦恼和压力。尽管广树夫妻俩了解彼此的情况，但妻子因为照看孩子，变得有些神经质，成天埋怨广树不帮忙照顾孩子，甚至要闹离婚。"老实说，真是太难了！"广树说。

"这种日子什么时候才能到头啊？没有积蓄，也买不起保险，万一哪天我死了，我老婆的日子就更苦了。除了拼命工作，我没有其他办法。"

广树想对妻子说："男人也不容易啊！"可话到嘴边就变成了："我挣不到钱，这个家就塌了。你再忍忍，忍到我转为正式员工好吗？再坚持坚持！"别无选择的广树，只能这样安慰妻子。

根据日本劳动组合总联合会的《第二次非正式员工工作方式和工作意识调查》（2015年），日本30～39岁的男性非正式员工成为家庭主要收入来源者的比例约为30%，40～49岁的比例约为50%。其中，四分之一的家庭没有任何储蓄。一半的男性非正式员工希望能够转为正式员工。虽然约 30% 的受访者当时就职的公司有转正的制度，但是，约 40% 的受访者表示，该制度"几乎无效"。

既无法做家务，也无法育儿

非正式员工的工作不稳定，那么如果是正式员工，就没有问题了吧？并非如此。

在东京一家咨询公司工作的萩原雄一（化名，45 岁）说："加班太多了！可为了不被降级，只能拼了命地干。"

雄一的公司虽实行年薪制，但几乎每个月的加班时间都会超过 100 个小时。雄一每天只能睡三四个小时——除了睡觉，他其余的时间几乎都在工作。分派到雄一手上的业务已经多得让他忙不过来，可随着同事们一个个辞职，他们负责的业务也被转到了雄一手里。工作中，雄一必须恪守"客户至上"的原则，如果客户说"请在明天之前完成"，他就别无选择，只能加班加点。前一天熬了夜，第二天客户又要求早上 8 点开会的情况也是家常便饭。

如果哪天雄一能赶上搭乘末班车回家，就算非常幸运了。为了防止客户信息外泄，公司严禁员工将客户的资料带出。因此，雄一无法把工作带回家做，只能待在公司，加班到深夜两三点。

总务省《劳动力调查》的结果显示，日本每周工作 60 个小时以上的人数比例在逐年下降，但 2015 年仍有 8.3%，即大约每 10

人中，就有 1 人处于超长时间工作的状态。

此外，根据交叉营销公司以东京都内 20～64 岁员工为对象的《长时间工作调查》(有效回答 600 份)，40～49 岁的日本男性，每 7.1 人中，就有 1 人每月加班时间超过 100 个小时。另外，联合综合生活开发研究所《第三十次劳动者短期调查》(2015 年)的结果显示，日本约 10% 的男性正式员工每月的加班时间超过 80 个小时，而认为"就职公司的经营状况与前一年相比有恶化""有失业焦虑"的受访者近 30%。由此可见，由于公司经营状况不佳，员工加班也是无奈之举。

雄一工作极为努力，妻子(39 岁) 5 年前生下他们的第一个孩子后重返职场，却因"育儿歧视"被迫辞职。

雄一的妻子会遭到"育儿歧视"，是因为育儿假结束后，他们送孩子去了托儿所，不料孩子一到托儿所就发了烧。雄一无法取消与客户的约定，于是孩子生病只能是妻子请假。

雄一夫妇以第一个孩子的出生为契机，贷款购买了一套公寓。因为是按照夫妻二人均是正式员工的收入贷的款，所以妻子被迫辞职后，家庭经济遭受的打击颇大。这也是雄一努力工作的原因之一。很快，他们有了第二个孩子。考虑到孩子们的学费，雄一必须比以前更加拼命地工作。排队等待上托儿所的孩子很多，他们还没有找到接收 4 岁和 3 岁孩子的托儿所。妻子重返职场也变得遥遥无期。

不管多累，星期六或星期天只要有半天的休息时间，雄一都会撑着筋疲力尽的身体，带孩子们去公园玩。"给我老婆一两个小时出去逛街的时间。"雄一说。然而，雄一妻子的想法却是："我休完育儿假返回职场那会儿，他哪怕稍稍调整一下工作，我都不会落得被迫辞职的下场。"雄一夫妻之间的关系非常紧张。在家里，雄一刚拿起报纸，妻子的责骂声就会响起："我连坐下歇口气的时间都没有，你倒有时间看报纸？过来帮我一下。"

雄一认为："我的同事中没有一个人带孩子去公园玩，和他们比，我已经算做得很好了。我上班都累得快过劳死了，真的没有力气做家务，也没有力气看孩子。不是不帮，是真的帮不动！"筋疲力尽的雄一很想给妻子跪下，说："饶了我吧。"

根据明治安田生活福祉研究所的《20～49岁生产与育儿调查》（2014年8月），在丈夫给出的不愿照看孩子的消极理由中，"工作太忙，没有时间和精力"占60%。46.3%的妻子认为丈夫不愿照看孩子，是因为丈夫"优先考虑自己的时间和自由"，而认为妻子在"优先考虑自己的时间和自由"的丈夫占24.3%，占比几乎比妻子少一倍。而在这一倍的差异中，亦能感受到夫妻间感情的温差。

"只休了两周假，不要自鸣得意了"

"既然平时工作太忙没时间，就申请育儿假吧。"很多男性因为平时工作繁忙，尝试以休育儿假的方式为家庭尽力。但是，和孩子出生长大的漫长岁月相比，他们的育儿假只有短暂的一瞬而已。很多因为休了育儿假而自鸣得意的丈夫，遭到了妻子的反击。

增田康幸（化名，36岁）是一家制造公司的技术员。第一个孩子出生后，他休了两个星期的育儿假。妻子虽是全职主妇，无须上班，但产后身体非常虚弱。两人的父母住得很远，帮不上忙。康幸平时工作很忙，常加班至深夜，在公司过夜是家常便饭。如今，妻子处于特殊时期，康幸决定"让妻子好好歇歇"，于是申请了育儿假。男性员工申请育儿假，这在康幸的公司是首例，他为了说服老板，费了一番口舌。康幸和刚出生的孩子一起度过了幸福美满的两个星期，他觉得"老婆肯定也很高兴。"可是，他想错了。

孩子爱哭，不抱在怀里就不停地哭闹。睡眠严重不足的妻子每天都给育儿假后重新上班的康幸发短信："早点回来！今天几点回来？"字里行间怒气冲冲。康幸一到家，妻子就把孩子往他怀里一塞，气呼呼地说："你来抱！"孩子睡着以后，做家务的妻子会突然停下，说："再做家务，我就没力气带孩子了。"然后，爬上床，和孩子一起昏昏睡去。深夜下班回家的康幸虽然疲惫不堪，但也不得不洗衣做饭，因为妻子认为，育儿工作是必须分担的。

有时要上夜班。上夜班的时候，我觉得特别轻松。上夜

167

班不用哄整夜哭个不停的孩子，下了夜班，还能堂而皇之地睡觉。不过，我妻子一见我睡觉就生气，说："你上什么夜班呀！别睡了，起来把垃圾扔了！"

我跟她说："我也休了两个星期的育儿假呢。"她马上反驳说："你当然要休育儿假了！我生孩子那么辛苦，生完连路都走不了，你休两个星期的假有什么了不起？废话少说，每天早点回家。"

早点回家，早点回家。每次早下班，老板和同事的目光就变得冷冰冰的……每天都早回家的话，我在公司就待不下去了……

可是，康幸怕老婆，不敢把这些话说出来。

双薪家庭对社会的影响力越来越大，目前，让父母在孩子出生后能够立即得到育儿支援的政策也正在逐步增加。

男性育儿只是给公司打广告？

尽管育儿男性的数量有所增加，但职场环境并未改变。

一名30多岁的男性员工，在当地一家以"支持员工平衡工作与育儿"而闻名的公司工作。新人入职会上，他作为男性育儿员工被优先介绍，但他说："我只休了两周的育儿假而已。如果想申请多休，就会被当作公司'不需要的人'。"他还透露："公司不过是想贴上支持育儿的'呵护标志'，以改善公司形象。我的育儿假，不过是公司的业绩。"

"呵护标志"是授予经过认证的、积极支持员工育儿的公司的标志。在《抚养下一代措施推进法》的基础上支持员工平衡工作与育儿，达成此目标的公司会被厚生劳动省认证为"支持育儿企业"。认证的要求之一，是公司必须允许至少一位男性员工休育儿假。

公司获得认证后，便可以在产品和广告中打上"呵护标志"，以此来提升和改善公司形象。另外，随着公司内"男性育儿员工"人数的增长，公司不仅能受到求职毕业生的青睐，还能得到税收方面的优惠。不过，如果公司需要的仅仅是一个认证，自然不会彻底实施真正的育儿假。

一位综合贸易公司的男性员工称："虽然公司内部制定了支持育儿的制度，但实际情况却是连两个星期的暑假都休不了，更别说男性员工休育儿假了。"

从妻子的角度看，丈夫休短短两周的育儿假，不过像是人生中一个小小的纪念日；但对丈夫来说，让妻子不屑一顾的两周育儿假，他们却常常需要抱着决一死战的心态向公司申请。

一位在关西地区一家金融机构工作的男性（32岁）小心翼翼地问老板："我的孩子马上要出生了，我能不能休育儿假？"老板果断拒绝道："你仔细想想，你担得起休假的后果吗？"

这，就是现实。

"男性育儿歧视"

虽然有成文规定"妻子是全职主妇的职业男性可享受育儿假（同样适用于丈夫是全职主夫的职业女性）"，但休育儿假的人数却未见增加。日本休育儿假的男性比例从 1996 年的 0.12% 增长到了 2013 年的 2.03%，比例依然极低。实际的休假时间也很短。根据 2012 年的调查，休假时间由高到低的占比为："少于 5 天"（41.3%），"5 天～2 周"（19.4%），"1～3 个月"（17.9%），"2 周～1 个月"（14.8%）。与其说是育儿假，不如说是产假。

根据日本劳动组合总联合会面向在职男性的《男性育儿歧视调查》（2014 年），针对"职场中，男性育儿最容易得到谁的理解"这一问题，回答"没人理解"的人最多，占 45.1%；其次为"同事/下属（女性）"，占 15.9%。针对公司是否有"支持男性育儿的制度"，虽然回答"是"的人占 43.3%，但认为此制度"确实被推行"的人仅占 8%。

针对"育儿假未被批准/未能申请"的原因（多选），占比较高的为以下几项："没有代替自己工作的人"（57.9%），"（因育儿假期间无薪）经济负担加重"（32.6%），"上司不理解"（30.2%），

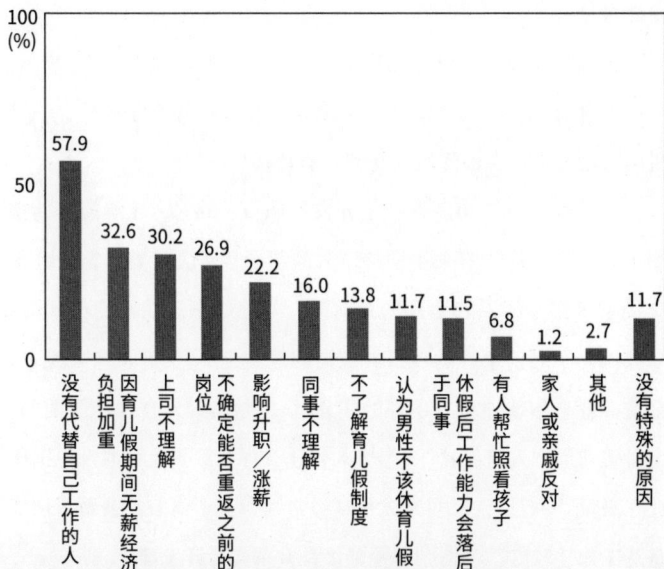

图 4-2 育儿假未被批准 / 未能申请的原因

资料来源：日本劳动组合总联合会《男性育儿歧视调查》

"影响晋升 / 涨薪"（22.2%）（图 4-2）。

在没有孩子的职业男性受访者中，表示"孩子出生后想申请育儿假，且认为会被批准"的占 26.3%，表示"想申请育儿假，但认为不会被批准"的占 52.2%，表示"不想申请育儿假"的占 21.5%。此外，大约一半有孩子的受访者表示"想休育儿假但从未休过"，在这些男性受访者中，20～30 岁的占 60%。男性的苦闷由此可见一斑。

而在所有受访者中，遭受过"男性育儿歧视"的占 11.6%。

想休育儿假、想和妻子一同承担育儿责任的职业男性，一旦付诸行动，大多会被降级或受到职场歧视。

一名在信息公司负责技术开发的职员（34 岁）4 年前开始接受不育治疗，终于盼来了期待已久的孩子。被公司委以重任的他交接了工作，休了三个月的育儿假。等他结束假期回到公司时，却被调离了之前负责的项目。上司的理由是："负责人换来换去，会给商业合作伙伴留下不好的印象。"但他听说，自己休假期间，上司曾向周围人抱怨："一个男人休什么育儿假，他根本没把工作放在眼里。"后来，公司又以他"经常因为孩子请假，去做不用加班的工作比较好"为由，将他降级，并调离了开发部。

从此以后，公司里的年轻男员工没有一个再敢休育儿假。无论是提到休育儿假，还是因为孩子和家务提早下班，每个人都会在心里反复嘀咕：会影响晋升吧？会影响公司对我工作的评价吧？

对就职不利的育儿愿望

我最早接触到"男性休育儿假遭受冷待"的话题，是在 2006 年。那时，我还在《每周经济》杂志社工作。

以《男女雇用机会均等法》实施 20 周年为契机，杂志社推出了特刊《男女均可轻松工作的职场》。我写了一篇名为《你为什么休假》的文章，内容是资生堂一位男性员工休完育儿假回到职场后遭受了责难（2006年10月3日刊）。

当时，资生堂因支持员工平衡工作与生活闻名，这名男性是资生堂大阪工厂的一名正式员工。作为男性员工，他第一次休满了半年的育儿假。我们将此事作为"正面案例"进行了采访。在育儿假结束之前，他的生活一切顺利、幸福圆满。尽管处于就业极为艰难的"就业冰河期"，他的妻子仍在当地一家中小型企业找到了一份销售的工作，每天开着车四处拜访客户。他们结婚时，曾约定"一人承担一半育儿工作"，妻子先休了半年育儿假，接着，他也休了半年育儿假。他说："孩子第一次开口叫的是'爸爸'哟！"为此，他兴奋了很久。

但是，当我采访他的妻子时，却听到了怒气冲冲的抱怨："我丈夫重返工作岗位后，遭到了职场冷遇。"他的工作是协调工厂的生产线，与妻子的工作相比，更容易找到代班的同事。因此，孩子生病时，都是他提早下班或者请假。结果，上司对他极为不满，训斥道："你作为男人，为什么要请假育儿？"同事们也渐渐疏远他。即使在全球知名的企业，因为地区和上司的差异，也很难全面做到支持员工的工作与生活平衡。

10年后，如《AERA》杂志2016年2月的文章所述，在应届毕业生招聘会上，竟也出现了同样的问题。

大多数男性应届毕业生都有"结婚生子后休育儿假"的想法。然而，一名大四的男生却说，求职时若表露出有休育儿假的意愿，会对求职极为不利。

这名男生曾在一家金融机构的招聘会上举手发问："男性员工是否可以申请育儿假？"人力资源负责人笑着回答："当然，这是员工应有的权利。"他当时不禁想："这家公司的工作环境真是太好了，我愿意一辈子在这里工作。"

顺利通过笔试，进入面试环节后，他觉得自己入职这家公司已是板上钉钉的事。于是，他在面试时详细询问了有关育儿假的问题："有多少男性员工休了育儿假？""能休多长时间？""各位面试官是如何平衡工作和生活的？"

不料，面试官一脸不解地说："育儿假？哪有这么好的事?!哪有男人休长假的？暑假能休一个星期已经很难得了。你有工作热情吗？我们公司可还有各地调动哦！"

结果，他没有被录用。也许是巧合，所有听到他说"想休育儿假"的公司都拒绝了他。他愕然地说："似乎男人育儿天理不容啊。"在接下来的应聘中，他不敢再提育儿假了。

为了平衡工作与生活，他参加了"区域限定正式员工"的考试。区域限定正式员工没有全国范围内的调动，不会因此而搬家。但在面试时，面试官一再询问："现在你一个人住，工作以后能搬回父母家住吗？你父母都健在吗？"他应聘的这家公司很少加班，似乎能够满足他平衡工作和生活的需求，但新入职员工的月薪只有大概 16 万日元，也没有太多加薪的机会。另外，这家公司以员工能住在父母家为录用前提，因为这样一来，公司便无须为员工支付住宿费用。

这名男生忧心忡忡地说："现在，哪家公司招我，我就进哪家。育儿假看来是休不到的。到底有没有既让员工经济独立，又让员工照顾孩子的公司？"

现状是"想做"但"做不了"

年轻人的观念确实正在改变。

旭化成住宅公司双薪家庭研究所的《30 岁以上男性家务参与意识和实况》显示，由于日本 1993 年和 1994 年开始先后在初中和高中设置了"家政课"，促使现今 30 多岁的男性提前形成了"做家务"和"育儿"的意识。

该报告还指出，从调查的起始年度 1989 年开始，25 年来，丈夫的家务参与度有大幅提升。从调查数据可以看出，今天的丈夫，特别是双薪家庭中的丈夫，不仅会在工作日尽力完成力所能及的家务，还会在节假日承担更多家务。1991 年的调查结果显示，孩子突然生病，表示"主要是妻子请假"的人约占六成，表示"夫妻会轮流请假"的约占两成。而 2012 年的调查结果显示，双薪家庭中"孩子生病时请过假"的丈夫上升到了66%。从这一数据，似乎可以窥见夫妻地位日趋平等的变化。

调查报告还将丈夫分为以下三类：做饭、清洗、打扫和育儿工作全部参与的"超级顾家男"，主要参与育儿但不太做饭和清洗的"略顾家男"和一切家务及育儿工作几乎都不参与的"不顾家男"。

"超级顾家男"中的年轻人占大多数，"不顾家男"则是年长者居多。家务分担意识调查中，赞成"根据家务内容，夫妻二人分别做擅长的事""父亲做家务对孩子的教育有积极影响""做家务是家庭内部的沟通方式"的"超级顾家男"占比超过了"略顾家男"和"不顾家男"。"超级顾家男"不认为"做家务是女人的事"，认为"家务是自己在家庭中要承担的重要任务"。像这样的丈夫，妻子一定不会盼他去死。

根据内阁府的《通过互联网等手段检查与评价少子化措施的用户意识调查最终报告》（2009年），认为"双薪家庭中，家务应由夫妻双方共同承担"的男性占22.6%，女性占23.4%。针对"夫妻承担家务和育儿工作的实际比例"，在所有年龄段的受访者中，回答"丈夫承担10%，妻子承担90%"的人数最多，在40～49岁的受访者中，回答"妻子承担100%"的男性占8.6%，女性占18.4%。

也许，丈夫做家务和育儿的现实情况是："想做"但"做不了"。不过，尽管如此，仍有许多丈夫在慢慢地努力……

太天真！

田村良介（化名，29岁）认为"偶尔做做饭可以转换心情，也能让老婆开心"。良介对自己做饭的手艺自信满满，说"要给老婆看看什么是'男人的料理'"。每个月，他都会做一两顿饭。端上桌的都是精心烹饪的西班牙海鲜饭、杂煮饭等精致的菜肴。良介的妻子（28岁）总是满面笑容地说："哇，好好吃！"看着妻子高兴的样子，良介的满足感油然而生。然而，美满幸福的画面只持续了半年。

"怎么这么乱呀？"

良介的妻子吃完饭后走进厨房，看到用过的平底锅、碗盆摆得到处都是，便发怒道："怎么不收拾一下？"见菜烧焦了粘在锅上，她一脸嫌弃地说："偶尔做一次饭，还弄成这样。"

为什么啊？做了好事还被骂……

唉，就当耳旁风吧。不过，良介担心："现在两个人一起生活还好，等以后有了孩子，该怎么办呢？"

良介向一位有小孩的女同事请教，女同事笑着对他说："你一个月才做一两顿饭怎么行呢？"这位女同事的丈夫每个周末都做饭，工作日每周也做一两次晚饭。良介说："平时要工作，哪有时间做饭呀!"女同事说:"你太天真了!有了孩子以后,每天的生活都像打仗一样。就算我丈夫做了饭,要是他做完饭后不收拾,我肯定会发飙。你和你爱人都有工作,对吧?还没有孩子,照你这样下去,肯定会离婚的。离婚!不是开玩笑的,知道吗?"

可是,我能做到吗?

试试吧!良介心想。从那以后,每次做完饭,他都收拾厨房,把该洗的都洗干净。良介妻子见状,心情大好,表扬他说:"想做还是能做到的嘛!"良介还试着在工作日给妻子发短信,问:"今天晚饭我做什么好呢?"妻子回复:"好棒——♡"结婚后,良介第一次收到了妻子带着"♡"的短信。

——哦,原来要这样做啊!

为了维系婚姻,良介暗暗盘算着自己还能再做些什么努力。

理想丈夫都做些什么?

论家务和育儿,虽然男性有各种迫不得已,但仍有许多人在做着努力。然而残酷的是,很多人的努力在妻子眼里一文不值。

妻子期待丈夫分担多少家务和育儿工作呢?由于价值观和家庭条件不同,每一位妻子的要求肯定都不一样。我想举一个例子,也许能够接近妻子心目中的理想丈夫。

在教育机构工作的山野正人（化名，46岁）语气平缓地说："我不认为家务是夫妻中的某一方必须做的事情。

"很难讲丈夫做多少家务妻子才会感到幸福。这就是为什么必须要明确双方都能接受的规定和具体承担的家务内容。

"如果丈夫年收入两三千万日元，也许就不用亲自做家务和育儿了。专心工作，等年收入达到5 000万日元，妻子就可以待在家里，或者请一位阿姨。可是，我们这些工资不高的打工族，不可能有那样的生活条件。所以，男人在家必须做家务、看孩子。"

正人大学毕业后入职教育机构，25岁时结婚，妻子是他的大学同学。妻子曾是一家食品公司的正式员工，最近辞了职。他们生活在埼玉县颇具田园风光的地区，周围有许多农场，可以买到清晨刚从果园采摘的水果，当地种植的蔬菜又新鲜又美味。夫妻俩常常在晚饭时段，就着用鲜美食材做出的饭菜喝上一杯。他们的生活可谓悠哉乐哉。

每年2月进入工作忙碌期后，正人必须住进公司附近的酒店，一个星期都回不了家。6月出差频繁，一个月中有三分之一到一半的时间不在家。其余月份出差也不少。因此，正人总是趁自己在家的时候，做一些力所能及的家务。

星期天，正人一边做当天的饭菜，一边考虑"明天做什么"。

决定后，他把第二天要用的芋头提前煮好，放进保鲜盒。孩子出生前，正人和妻子经常在周末就计划好下一周每一天的菜单，并约定每天"谁先到家，谁做饭"。

28岁的时候，他们有了第一个孩子。虽然正人的妻子休了育儿假，但正人为了方便照顾孩子，每晚也睡在婴儿床旁边。孩子哭了，他抱起来哄哄；如果觉得"欸，拉粑粑了？"，就一边逗孩子，一边给孩子换尿布。正人开心地照顾着孩子，突然有一天，孩子扶着东西摇摇晃晃地站起来，冲着正人笑。那一刻，他的心都融化了。

饭也是正人来做。他每周日去购物，回来后，把鱼用酱料腌好，冷冻起来，把做孩子辅食的高汤倒进制冰盒里冷冻，这样，一块冰正好是15毫升，量刚好合适。冻好的高汤块存储在冷冻包里，做粥的时候也可以用。正人一边忙活，一边想："就算我不能和家人一起坐在餐桌旁吃饭，他们也可以通过这种方式，知道是爸爸为他们准备了饭菜。这样，我就不会和家人疏远了。"

享受"男欧巴桑"的生活

孩子上托儿所以后，正人负责每天接送。因为工作，无法参加孩子的运动会等活动，正人就每天坚持认真写家校联络本，内容十分详细，以至于托儿所的老师说："感觉我们每天在交换日记。"

妻子早上出门上班前，化妆要花费比较多的时间，因此，正人包揽了做早餐和照顾孩子吃早饭的活儿。他说："谁能做，就谁做。"正人要在早晨一个小时的时间里，叫醒孩子，准备早餐，和孩子一起吃饭，给孩子量体温、换好衣服，做好自己上班的准备，写好家校联络本。

　　孩子生病了，也是正人请假在家照顾。因为小孩子常常突然发烧，正人总是提前做好手上的工作，以便能随时请假。算上前一年没有休完的带薪假期，正人一年总共有 40 天假期，可到了年底，常常用得只剩下一两天。正人自己绝不能感冒发烧，因为他没有可以用来休息的带薪假了。

　　丈夫和妻子，都有工作上的忙碌期，如果提前协商调整家务分工，就不会发生争执。最近，正人下班回家后，会提前准备第二天的晚饭，用自己熬制的高汤做味噌汤。持家有道的正人，还在托儿所里交了很多"妈妈朋友"。

　　正人自称是"男欧巴桑"。他说："男人拎着菜篮子去买菜为什么不可以？很多人觉得男人不必做家务，但是，认清自己的生活条件，直面家务和育儿，才是最自然不过的活法。"

自得其乐的育儿

　　夫妻谈论家务分工时，经常会出现这种情况：妻子埋怨丈夫"什么也不做",而丈夫哪怕只做了一丁点家务,也坚持说自己"在做家务"。夫妻之间,难免彼此误解。做家务是家庭生活中最平常的事,只要活着就得面对。大多数女性杂志和育儿书籍往往建议妻子"用多夸赞的方法让老公帮您做家务",这简直像是在说:男人是白痴。让丈夫清洗、消毒婴儿奶瓶,一点点培训丈夫做家务的能力,才是行之有效的方式吧。

谈到自己的育儿经时,正人说:"相比之下,爸爸带孩子出门时更容易得到周围人的善待。我感觉和孩子的医生、托儿所的老师,还有妈妈朋友们的交流总是很顺畅。我常和妈妈朋友们聊天,向她们请教。这样,自己照顾起孩子来就更加顺手了。"其实,只要和孩子一起外出,就有各种机会和不同的人交谈。在育儿过程中自得其乐,是最好的育儿方式。

也许,很多人很难立刻变成正人这样的理想丈夫,但如果做到了,妻子们的心底会再次涌起爱意吧?只是,现实中正人这样的丈夫少之又少。因此,丈夫不是被妻子诅咒去死,就是会收到一纸离婚协议书。

Chapter **5**

第五章

比离婚更划算？
所以妻子们希望丈夫去死

离婚的选择

前文提到的妻子们，都是想离婚却出于各种原因不能离婚。因此，她们选择诅咒丈夫去死。

离婚真的很难吗？

擅长处理离婚诉讼等家庭纠纷的藏前律师事务所知名律师山崎新认为：

"与其诅咒丈夫去死，不如考虑一下离婚。犹豫再三最终选择了离婚，婚后迎来全新生活的例子比比皆是。相比一边诅咒丈夫去死，一边忍耐煎熬，离婚并没有那么糟糕。很多女性选择诅咒和忍耐，很可能是因为'离婚'给人的印象过于不堪，但我想说，事实并非如此。"

不只山崎律师本人，律师事务所接到的诸如殴打、经济控制等家暴案件数不胜数。

根据厚生劳动省的《人口动态调查》，2014 年日本离婚案件共 222 107 起，低于前一年的数据。离婚案件数量在 2002 年达到最高值 289 836 起后，连年呈下降趋势（图 5-1）。我认为，是经济衰退和就业形势恶化导致了离婚困难。最常见的离婚理由是

図 5-1 离婚案件数及离婚率发展趋势

资料来源: 厚生劳动省《人口动态调查统计月报年度概况》(2014 年)

"性格不合",但"家暴""不给生活费""精神虐待""婚外恋"等理由也很常见。拙作《母子家庭报道》(筑摩书房,2015 年)列举的全是除了离婚,妻子们别无选择的案例。

离婚进展不顺利时,人们通常会寻求律师的帮助。踏入律师事务所大门的,大都是遭受家暴,且担心不良的家庭环境会影响子女成长的女性。她们恐惧离婚,但与丈夫同处一室让她们更加不安。一旦妻子在惶惶不可终日的不安中决定离婚,就算丈夫跪地哭泣哀求,妻子离婚的决心也不会动摇。

山崎先生建议："经济不独立的妻子，可以要求分割丈夫的财产。即便夫妻双方的经济状况都不好，也可以通过申请低保来保障离婚后的基本生活。离婚的女性可在此基础上尝试自食其力。"他还鼓励犹豫不决的人："尽管律师收集婚外恋、家暴等证据困难重重，需要花费一定的时间，但任何人只要想离婚，最终都能离，因此我认为，应该试着向前迈一步。"

　　很多离婚后需要独自养育孩子的全职主妇或做零工的低收入女性都选择领取低保。不过，已取得护士等职业资格的女性无法申请低保。也有人只在离婚后，丈夫开始支付生活费前的一段时间内领取低保，作为应急措施。据调查，日本领取低保的离婚母亲占14.5%（厚生劳动省《全国母子家庭调查》，2011 年）。

逃出经济家暴

　　下面案例的主人公与丈夫离婚后，一面靠低保生活，一面尝试凭一己之力实现经济独立。她离婚的原因是经济家暴。

　　"女人一赚钱，男人就尿了。离婚领低保的生活，可比和一个窝囊废男人一起的生活好太多了。"

　　居住在东京都内的西泽京子（化名，50 岁）这样说。结婚时，京子丈夫的收入连他自己也养不活，婚后一直都是京子赚钱养家。起先，丈夫觉得"女人能赚钱 = 自己没脸面"，可是后来，他慢慢习惯了依赖京子的生活。他对京子说："反正我也赚不到几个钱，你好好干。"从此过起了散漫的生活。京子的丈夫想做一家之主，却不想做家里的顶梁柱。

我丈夫就算挣到钱，也是挣多少花多少。每个月的工资快花完了，才想起来给我生活费，"对不起，这个月 5 万日元"，每个月差不多都是这个数吧。可是，光房子的月租金就要 7 万，加上孩子上托儿所的钱，不管怎么算，5 万都不够。他还经常抱怨："干那么多活，只能花这么点儿钱。"女人结婚到底有什么好处呢？有老公的日子过得紧巴巴的，反倒是离婚后领低保的日子宽裕多了。过苦日子还不如离婚。况且，我丈夫还有借债的恶习。真不知道他有一天会做出什么过分的事。想想真害怕啊！总不能给孩子留一大堆债务吧。

离婚后，我丈夫每个月只付 1 万日元的抚养费。就这 1 万日元，估计也给不了多长时间。离婚前，他就常让我用我的名义去借钱呢！

能领多少遗族年金？

离了婚，身边就没有乱花钱的丈夫了。不过，我常想："要是我丈夫死掉的话，岂不更好？他死了，我还能拿到一笔遗族年金。"虽说遗族年金制度的制定以丈夫供养妻子为前提，但在现实中，的确可以称之为"美妙的制度"。

我受够了婚后的生活。离婚以后，我可以找一个男朋友，而且有闺密也不会孤单。离了婚，我的日子肯定要多安逸有多安逸。

每次一想到这儿，我就觉得我丈夫应该去死才好。

京子以前在人寿保险公司做销售时研究过遗族年金等制度。当她了解到离婚与丧偶对于领取遗族年金的巨大差别时，不禁想："还是老公死掉更划算啊！他一死，我就可以领到一大笔抚恤金。每个月只要再挣 5 万或 10 万日元，生活就完全不成问题。根本不需要老公嘛！"

我想在这里稍微解释一下遗族年金。

遗族年金分为"遗族基础年金"和"遗族厚生年金"。领取遗族基础年金，要求配偶生前为加入国民养老保险的个体经营者；领取遗族厚生年金，要求配偶生前为加入厚生养老保险的公司职员。

死者生前供养的"有子女的配偶"和"子女"有权领取遗族基础年金，子女可领取至满 18 岁那一年的 3 月 31 日，有一级、二级身体疾患的子女可领取至 20 岁，子女成婚后不再拥有领取资格。

遗族厚生年金也以领取者靠死者生前供养为前提，但有优先顺序：（1）"有子女的妻子及有子女且年龄超过55岁的丈夫""子女""无子女的妻子""无子女且年龄超过55岁的丈夫"，（2）"年龄超过55岁的父母"，（3）"孙子孙女"，（4）"年龄超过55岁的祖父母"。前三种情况，除遗族厚生年金外，还可领取遗族基础年金和中老年遗孀额外津贴。靠妻子供养的丈夫在妻子去世后，必须年满55岁，才可领取抚恤金。由此可见，这一制度对失去丈夫的妻子更为有利。

有子女的遗孀除了领取780 100日元的遗族基础年金外，还可领取子女抚恤金。每一位子女的抚恤金金额，因出生顺序而不同：第一个和第二个子女为每人224 500日元，第三个及更小的子女为每人74 800日元。

遗族基础年金领取者，若符合领取遗族厚生年金的要求，还可领取厚生年金。具体金额的计算方法在2003年4月之后有变化。2013年3月及之前的计算方法为：平均每月的标准薪酬（标准月薪酬总额 ÷ 参保时间）× 7.125‰ × 被保者至2013年3月为止的参保月数。2013年4月之后的计算方法为：平均标准薪酬金额（标准月薪酬和标准奖金金额 ÷ 参保时间）× 5.481‰ × 2013年4月之后的参保月数。

例如，一个家庭中，丈夫为2013年4月入职的公司职员，妻子为全职主妇，有一个孩子，若丈夫于2016年4月去世，那么，遗族厚生年金的可领取金额为 256 510 日元，孩子的抚恤金为 224 500 日元，外加遗族基础年金，失去丈夫的妻子一共可获得 1 261 110 日元。

由于几乎所有人在购房时都会加入团体信用保险，如已经贷款买房，且贷款只在丈夫一人名下，则丈夫去世后所有的贷款都不必偿还，房子归遗族所有。若以丈夫的名义购买了教育保险，丈夫去世后，可不必支付剩余的保险费，并获得全额赔偿。如此一来，遗孀既不需要支付房租，也不用为孩子的学费发愁，且在孩子年满 18 岁之前，每个月大约可获得 100 000 日元。因此，失去丈夫的妻子如果不做全职工作，生活上也不会有任何问题。

创立一个女性可以独自生育、抚养孩子的社会

然而，现实是，外出工作的单亲妈妈常常无法获得预期的薪资。根据厚生劳动省的调查，2010 年日本母子家庭的"工作收入"为 181 万日元。加上低保、儿童抚养补贴等社会福利，以及前夫支付的抚养费、父母的汇款、收取的地租房租等，全部收入平均也不过 223 万日元。况且，有 60% 以上的单亲妈妈从未收到过前夫支付的抚养费；即便收到，平均金额也只有 43 482 日元，并不算多。

因此，目前日本有 14.5% 的离婚母亲选择领取低保。在母

子家庭里，领取公共抚恤金的母亲中，领取遗族年金的母亲占75.6%。公共抚恤金的每月平均金额为119 000日元。

另外，还有"死亡暂时抚恤金"和"遗孀养老金"。这些不属于福利养老保险，而作为国民年金单独支付。死亡暂时抚恤金的领取条件为，第一被保险人（个体经营者或学生等）须支付保费三年以上。金额因支付保费的月数而异，一般可获得120 000～320 000日元。

领取遗孀养老金的要求为，去世的丈夫作为第一被保险人，支付所有保险费用的年限和保费免除年限相加，须超过25年；妻子由丈夫生前供养；夫妻间的婚姻关系（包括事实婚姻）持续10年以上；妻子在60～65岁之间。金额为丈夫基本养老金额的四分之三。

了解到遗孀养老金的具体规定后，京子想："我结婚还不到10年啊。"于是，当时的她毫不犹豫地压下了内心希望丈夫立刻去死的念头。丈夫虽然一直没有稳定的工作，但是加入了国民养老保险。如果京子想在丈夫去世后领取遗孀养老金，丈夫必须作为第一被保险人连续缴纳保费25年以上，此外，他们的婚姻关系必须持续10年以上，京子也必须由丈夫供养。不管怎样，京子与丈夫都至少需要保持10年婚姻关系。京子每天都渴望着在结婚10年之后领取遗孀养老金。

如果我丈夫能在结婚 10 周年的时候死掉，我现在就一定会做个贤妻良母，好好对他。每个月的遗孀养老金作为生活费自动入账，没有比这更好的生活了啊！

由于这种制度有碍女性独立，京子以前还有些抵触。不过，现在她认为："婚姻制度就是男人建立的，女人占占便宜也没什么不可以。而且，因为他，我受了多少苦、遭了多少罪呀！

"我能出去工作，挣钱养活自己和孩子。再苦再累我都能咬牙坚持下去。家里完全不需要他这个没用的男人。可是，因为托儿所和儿童托管制度不健全，没人可以替我照看孩子，很多工作我都没办法做。现在的儿童托管制度真的太需要改善了。

"真希望国家能加强儿童托管制度，在改善儿童托管现状上多投入些预算。要是有一个没有男性，女性也能生育、抚养孩子的社会就好了。身处今天的社会，如果女性对另一半绝望了，是没有机会重新来过的。所以，妻子们只能希望丈夫去死。"

这是已经离婚的京子的切实体会。

与负债的丈夫离婚

若想减少妻子对丈夫的恨意，将更多女性从"希望丈夫去死"的念头里解放出来，就有必要对社会基础设施（如社会保障等）进行彻底的审查和改善。但是，目前往往只有妻子的父母发挥着"社会保障"的作用。

秋野沙耶（化名，38岁）是一名美容师，如今她一个人带着10岁、7岁和5岁的孩子，住在自己父母家里。

沙耶28岁时与身为公务员的丈夫结婚。由于丈夫工作调动频繁，沙耶随丈夫搬来搬去，只能做全职主妇。后来，她因丈夫负债与其离了婚。

沙耶的孩子大约4个月的时候，他们收到了几张催债的明信片。沙耶问丈夫："为什么借债？"丈夫像个河蚌似的，怎么也不开口。他不仅从数十家金融公司借了共计460万日元的债，还停了孩子的教育保险。沙耶拿出自己的存款，又向公公婆婆借钱，还清了债务。谁知从公公婆婆那里借的钱还没还完，丈夫又借了200万日元。沙耶追问他到底为什么借钱，他竟然怪罪沙耶说："每个月的零用钱才两三万日元，不够花。"丈夫的月薪税后有24万日元，收入不算少。

> 我对他说："绝不可以有下次！"

> 可是，半年后，他好像又借了300万。我花了10万日元雇了一个侦探调查，确认他又借债了。我怀疑他是玩老虎机输了钱。他说工作忙，只在周末回家，不管问他什么，他都不回答。他同时用着两部手机，其中一部每个月的话费高达5

万日元，而这个号码他谁也不告诉。他的行踪越来越可疑。

这样的话，只能离婚了，我想。于是，我开始私下做离婚的准备。那时，老二还在上幼儿园，我决定等这个孩子升小学时离婚。下定决心后，每次一发奖金，我就把钱存入自己的银行账户。三四年间，一共存了 1 200 万日元。有存款，就有底气离婚了。

我把债务偿还催促单和离婚协议书递给他时说："你明白是怎么回事吧？"他承认自己借了大笔的债务。

"离婚后，再也没有欠债的压力了，真轻松！"沙耶高高兴兴地搬回父母家，开始了新的生活。

婚后一直是全职主妇的沙耶，在父母家附近的超市找了一份时薪 900 日元的收银员工作，选择这份工作，是因为沙耶不想离孩子太远。沙耶从早上 9 点半工作到下午 5 点半，每周工作 4 天。

无法依赖的托儿所

对于带着年幼子女生活的单亲父母来说，托儿所是不可或缺的存在。然而，现实中，托儿所却成了单亲父母正常工作的障碍。上公立托儿所的孩子如果患有哮喘，稍一咳嗽，托儿所就会打电话给父母，要求他们把孩子接回家，父母根本无法安心工作。孩子的体温升到 37.4 度，托儿所打电话通知，等家长慌慌张张地赶到时，却发现孩子只是午睡后体温正常升高而已。"家长把孩子接回家，我们的工作就会轻松。"托儿所老师的这种工作态度，让沙耶的孩子一度情绪低落，甚至不再开口说话。沙耶无奈之下，只得给孩子转了托儿所。

现在，沙耶重操旧业，在一家美容院每天工作 4 个小时，月收入大约是 10 万日元。丈夫每个月支付她 6 万日元的抚养费，发奖金后，额外再汇 20 万日元。另外，沙耶每月可领取约 10 万日元的育儿津贴。只有一个孩子的单亲家庭，育儿津贴的金额为每月 41 020 日元，不过，具体到手的金额会根据家庭的实际收入相应减少，在 41 010 日元至 9 680 日元不等。有两个或两个以上孩子的家庭，可领取额外津贴，第二个孩子 5 000 日元，第三个及更小的孩子每人 3 000 日元（截至 2016 年 3 月）。

沙耶每个月的总收入大约为 20 万日元。因为住在父母家里，不需要付房租和生活费，所以，她和孩子们的生活目前可以得到保障。但那些不能依靠父母或无法摆脱婚姻的女性该如何生活呢？其实，还有很多有恨意不离婚、希望丈夫去死的妻子。

离婚调解的实情

"啊？希望自己的丈夫去死？这我倒从没想过。不过，仔细考虑一下，说不定……"

　　我丈夫酗酒，身体非常虚弱。每次离婚调解的时候见到他，我都能感觉到他的身体状况变得越来越差，估计他离死不远了吧。不过，也可能半死不活地拖着，拖上个10年……一旦在精神上对酒精产生了依赖，死亡的概率就非常高。所以呢，我还真得做些准备。嗯，我这样说，是不是说明我其实是希望他死的呢？

　　三浦绚子（化名，45岁）正在调解离婚。我在《母子家庭报道》一书中介绍过她的情况。绚子的丈夫是一名医生，他因抑郁症离职后开始酗酒，把一家人的生活搞得一团糟。绚子和丈夫生有两个儿子。绚子能忍受丈夫的患病和失业，但她无法忍受酗酒后的丈夫殴打小儿子。这是促使绚子下定决心离婚的原因。丈夫带着自己偏爱的长子离开了家，与绚子分居。

　　后来，我再次联系绚子时，得知他们离婚调解进行得极不顺利。

　　2016年1月的一天，我约了绚子采访。见面之前，她刚刚结束了一场离婚调解。绚子高兴地告诉我，她与丈夫达成协议，终于可以看望被丈夫带走的长子了。不过，调解在绚子丈夫居住地的法院进行，每次绚子都要跑很远的路。说起路上奔波的辛苦，满心欢喜的绚子不住地叹气。

绚子开始寻找离婚律师时，并不知道离婚判决前必须经历调解环节。选择律师让绚子吃尽了苦头。绚子告诉我，虽然律师网页上都写着"如有任何问题，请随时向我们咨询"，可真去咨询了，律师一不讲解离婚的相关知识，二不想知道我们到底要咨询什么，直接就问："调解？协议离婚？选哪项服务？"

定下律师之后，绚子提出想先要回被丈夫带走的长子，不料，律师马上责怪她"为什么不早点说"，可绚子既不了解调解流程，也不知道调解内容，而且和丈夫完全无法交流。最终，拖拖拉拉了两个月，才办好了调解申请。

丈夫不想让绚子和长子见面，态度极为坚决。她不想和丈夫争执，于是撤回了申请。

然而，丈夫就婚姻费用（即生活费）申请了第二轮调解，并提出与次子见面及离婚的申请。

"恬不知耻的男人！说什么自己没有收入，他不是住在他父母家吗？！竟然跟我要婚姻费用，真是难以置信！"

婚姻费用与财产分割

丈夫有钱的话，也许妻子只需要等待丈夫的死亡，可绚子的丈夫没有钱。作为看望长子的交换条件，她无奈地同意了丈夫提出的要求——和小儿子见面，以及支付给丈夫生活费，从申请日开始支付。根据婚姻费用计算表，丈夫要求绚子每月支付 3～4 万日元，绚子把金额降到了 1.5 万日元。她要还房贷，每个月入不敷出。她以为等丈夫找到工作以后，自己就不必再支付他生活费。一年前，丈夫决定重新开始工作，搬到了千叶县，但他工作了一个半月后就辞了职。现在，绚子还在继续支付丈夫的生活费。

生活费自提交申请之日起计算。换句话说，越早申请，就能拿到越多的钱。绚子的情况是丈夫要求妻子支付生活费，而更常见的情况是妻子要求丈夫支付。许多女性和丈夫分居后，没有经济保障，如果不要求丈夫支付生活费，就一分钱收入也没有。实际上，很多分居的妻子根本不知道有权要求丈夫支付生活费。其实，只要丈夫有收入，分居后妻子应当立即要求对方支付生活费。不管怎样，有了这笔钱，就算还没有离婚，自己的生活也会有一些保障。这也许能让分居后的妻子安心许多。

绚子与丈夫的财产分割纠缠了超过一年半的时间。丈夫认为绚子隐瞒了经济实情，她名下一定还有更多的钱。因此，他申请确认绚子婚前的银行账户余额。然而绚子自己都不太记得之前的账户情况，必须去银行查询并开具余额证明。更麻烦的是股票和基金。存款只看分居时的余额，但股票和房产得按时价计算。最近股价翻了一倍，绚子丈夫分到的金额因此增加了不少。

绚子自己在网上开设的证券账户也被查了出来，金融机构发来的信件、存折、银行卡，甚至连电脑中的相关记录也被迫一一公开。

夫妻本应向对方公开财产，要绚子分一半财产给一直没有工作的丈夫，她的心里话是："开什么玩笑！"不管怎么说，两个人对家庭经济的贡献程度天差地别。

财产分割的金额也从分居当日起计算。如果在分居前没有转移过财产，就只能老老实实地分出一半余额。财产转移晚一天都不行，就算之前有购物或还贷的计划，也行不通。

离婚前，绚子和丈夫一共进行了三次会面调解、一次生活费商议、两次离婚调解、两次离婚裁判、两次孩子抚养权审判、一次丈夫偿还贷款诉讼……绚子觉得，经历过这些，现在自己完全可以胜任离婚顾问。

前文提到的山崎律师指出："由于男性非正式员工数量增加，离婚后丈夫不一定能支付足够的抚养费。60% 的女性因生育辞职，女性就业率随年龄增长呈 M 形曲线，而女性再就业几乎都属于非正式雇用，甚至无法形成再就业后的工资增长。按目前的财产分割方式，在没有家庭财产的情况下，妻子离婚后的基本生活都无法保障。以孩子的名义购买的教育保险，以及存款都被一分为二，这样的分割方式在当今社会是否依然适用，值得商榷。

"财产分割是否应改为补偿的形式，补偿女性因照顾家庭而失去的挣钱能力？妻子和母亲在家庭中劳作毫无薪资。因此离婚后，将分割丈夫的财产视为对妻子无偿劳动的弥补，十分公平。

"此外，除了孩子的抚养费，还应考虑以支付生活费的方式补偿女性因生育辞职失去的全部利益。在男女薪酬差距极大的日本，今后必须认真商讨该如何确保因照顾家庭而丧失挣钱能力的女性不会在离婚后处于不利地位。"

能悉心照顾自己不爱的丈夫吗？

离婚后的绚子认为，成为单亲妈妈并不可怕。她说："工作和养育孩子，不管多辛苦，自己选的路都能走下去。"

但是，绚子也认为："婚姻契约是一份危险的合同，比35年的贷款还要恐怖。贷款可以提前还清，可丈夫不能卖掉。夫妻二人身体健康的时候岁月静好，但是还需要共同面对贫穷和疾病。虽然心底希望对方去死，但夫妻间的契约是无论如何也甩不掉的。"

确实，日本民法规定已婚夫妇有义务互相帮助。民法第752条规定："夫妻须同居，相互协力，相互扶助。"第760条规定："夫妻根据资产、收入及其他一切情况，分担因婚姻产生的各项费用。"另外，第761条规定："夫妻一方就日常家事同第三人实施法律行为时，他方对由此而产生的债务负连带责任，但对第三人预告不负责任意旨者，不在此限。"

绚子说："妻子能够悉心照料自己已不爱的丈夫吗？能够照顾丈夫的父母吗？在丈夫病倒之后离婚，会觉得自己抛弃了他，因此内疚、良心不安。所以，一旦丈夫卧病在床便无法离婚，想离就要趁对方身体健康的时候离。不爱了，就应该离婚，可在日本，不是随时都能离婚的。"

如果丈夫患了痴呆症或卧病在床需要护理，妻子是否可以提出离婚呢？山崎律师解释说："首先，原则上，没有意识能力的表达是无效的。"也就是说，如果妻子在丈夫患痴呆症后提出离婚，痴呆的丈夫作为一个无法理解离婚含义的人，他在离婚协议上的签字就是无效的。丈夫患痴呆症后，法院将任命一名成人监护人代表丈夫与妻子协商离婚。

那丈夫卧病在床、需要护理的情况呢？山崎律师说："至于护理，尽管我们的家庭关系里有'同居义务''抚养义务'，但没有做到所谓的'个人护理'（日常照顾），既不会接到法院要求强制护理的判决，也不会受到任何惩罚。也就是说，不护理不会被指控为'违法'。"

尽管如此，如果觉得自己以后照料不了卧病在床的丈夫，还是应该及时离婚吧？

不同的婚姻观念与无性婚姻

夫妻婚姻观念上的差距正在逐渐显现。

首先，在结婚动机上，男女之间就呈现出了很大的差异。

日本国立社会保障及人口问题研究所的《第十四次出生趋势基本调查·全国婚姻及生育调查·单身者调查结果概要》（2010年）显示，无论男女，受访者均认为"结婚对象的条件"中"人品"最重要。除此之外，男女都很看重的是对方"做家务的能力"和"对工作的理解"。男女观念的不同，体现在男性强调"外貌"，女性强调"经济实力"和"职业"。

根据明治安田生活福祉研究所的《第七次结婚及生育调查》，20～39岁未婚女性"想结婚的原因"中，占首位的是"想要孩子"（20～29岁占58%、30～39岁占48.1%），而因为"想和爱的人一起生活"的不到10%。与此相对，在男性"想结婚的原因"中，占首位的是"想和爱的人一起生活"（20～29岁占70.5%、30～39岁占66.5%），因为"想要孩子"而结婚的男性，20～29岁占37.6%、30～39岁占40.2%。女性为了生孩子选择婚姻，男性为了爱，这一婚姻生活起点的差异似乎日益显著。

根据婚恋研究所的《2011年度夫妻关系调查》，结婚1～3年的夫妻中，"深爱对方"的丈夫占92.2%，妻子占89.7%，男女差异并不明显。但在结婚11年后，"深爱对方"的妻子急剧减少至50%。在结婚31年以上的夫妻中，"深爱对方"的丈夫占76.5%，妻子占54.6%。2015年的调查结果显示，60～69岁的夫妻，双方差异极为显著，丈夫"对婚姻关系的满意度"为75.3%，而妻子仅为61.4%。

如果妻子对婚姻关系不满，对丈夫没有爱意，丈夫在她们眼里自然不会再被视为异性。正如本书记述的几对夫妻的婚姻，最终的走向都是无性婚姻。

2013 年，相模橡胶工业进行了"日本的性"线上问卷调查。

针对"您与配偶或交往对象是否'无性'"，55.2% 的已婚者回答"是"。其中，40～59 岁的男性占比多达 60%。针对回答"性爱次数偏少"的人群追问"是否想要更多的性爱"，75.2% 的男性回答"是"，而对此问题给出肯定回答的女性仅占 35.8%。男女间的差异随着年龄的增长而加大。

追问"为何性爱次数比您想要的少"，无论男女，占比最多的答案为"对方不配合"。关于"不愿做爱的原因"，在 20～29 岁女性的回答中，最多的为"太忙，没有时间 / 累了"；在 30～39 岁女性的回答中，最多的为"麻烦"、"没有性欲"，以及"忙于工作和家务，很累"；最为引人注目的调查结果是，在 40～49 岁的女性中，有 10% 的人回答："因为不爱对方。"

日本家庭计划协会的《第七次男女生活 / 观念调查》（2014 年）也显示，无性婚姻的现象正日益显著。已婚男女中"最近一个月无性关系"的在 2004 年占 31.9%，在 2014 年上升到了 44.6%。16～49 岁的受访者中，18.3% 的男性、47% 的女性表示对性爱"不感兴趣""厌恶"。其中，35～44 岁的男女差异显著：35～39 岁的男性占 19%、女性占 41.2%；40～44 岁的男性占

20.9%、女性占 55.1%。对性爱没有兴趣的最大原因，男性为"工作太累"，女性为"太麻烦"。

也许，抵触身体接触是妻子希望丈夫去死的前兆？

我们再看一看婚恋研究所的《2011 年度夫妻关系调查》，在"婚姻关系"调查项中，回答"深爱对方""信赖对方""与对方在一起时，心情愉悦平和"的男女占比相差 10% 以上，男性比例高于女性。特别是"愿意牺牲自己给对方快乐"的男性占比极高（图 5-2）。

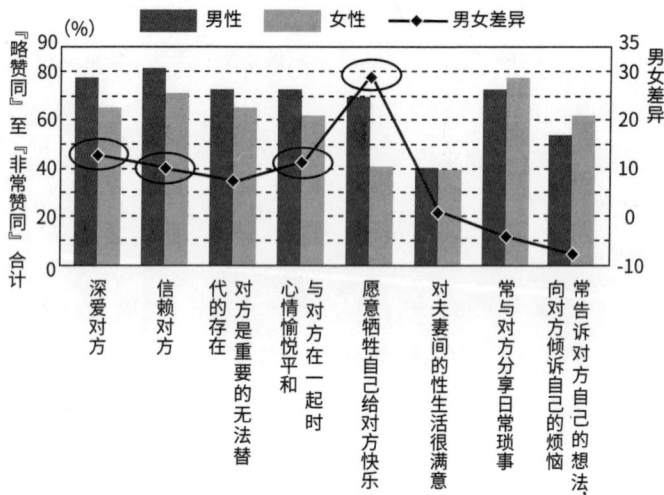

图 5-2　夫妻间的情感差异

资料来源：婚恋研究所《2011 年度夫妻关系调查》

看到这里，也许你会对男性深表同情？然而，结婚时女性被迫更改姓氏，也是夫妻双方在婚姻关系初期就产生观念差异的原因之一。

本书提到的许多女性，都对"只因自己是女性，结婚时就被自动冠以夫姓"极为不满。

强制夫妇同姓的阴影

日本国立社会保障及人口问题研究所的《第五次全国家庭动向调查》显示，40%～50%的59岁以下受访者赞同"丈夫和妻子不必姓氏相同，可用不同的姓氏"。即便在60～79岁的人群中，赞同此观点的受访者比例也达30%。

本书第一章中提到的志穗，内心非常排斥在结婚时改夫姓，总觉得"那不是我的名字"。别人以丈夫的姓氏称呼她时，她会有极度的不适感。当然，这和志穗嫌弃丈夫的性格优柔寡断也有一定关系。不过无论如何，志穗"无法接受只是因为结婚，就要改用对方姓氏这么不公平的事情"。现在，她的信用卡和银行账户依然使用婚前的旧姓。

面对丈夫，志穗气愤地想："平时一副缩手缩脚的样子，改姓的时候倒说自己是男人，不能改姓。真是气死人！"她又猛地想到"以后死了，和他埋在一起，墓碑上写的也是他的姓"，不禁打了一个寒战。

第二章中咲子的丈夫，一吵架就说："我可以把姓改成山本啊。"山本是咲子婚前的姓氏。咲子的丈夫似乎认为"保留谁的姓氏，谁就养家糊口"，所以才不负责任地说出"我改姓，你养活我和孩子。我不想挣钱养家"这样的话。咲子心想："真无耻！结婚登记的时候怎么不说呢？那时候说了，也许我会考虑一下。现在才说，真是卑鄙无耻！"每次想到这里，咲子就无法抑制内心涌起的杀意。

第三章中的叶子，打算把丈夫的骨灰丢到山手线上。叶子这代人认为，婚后冠夫姓是自然而然的事情，但是，当她以丈夫的名义贷款购买墓地时，却坚决不同意在自己的墓碑上刻带有丈夫姓氏的"花村家"三个字。结婚时改夫姓，死了还要随他的姓吗？绝不可能！

叶子说："如果我出生在这个时代，结婚时我不会改夫姓。如果时光可以倒流，我想改回我的旧姓。"

夫妻是否要永远同姓？

日本《民法典》第750条规定："在同一户籍下的夫妻，必须采用丈夫或妻子的姓氏。"日本是唯一一个从法律上强制夫妻二人采用相同姓氏的发达国家，联合国消除对妇女歧视委员会一再向日本提出修改相关法律的建议。

　　追溯姓氏的历史，德川时代的平民百姓是不允许使用"姓氏"的。1870年，太政官宣布平民可使用姓氏。1875年，太政官规定平民有使用姓氏的义务。

　　1876年，日本实行夫妻别姓制，规定妻子应使用"出生之姓氏"，即出生家庭的姓氏。然而，1898年制定的民法（旧法）中对夫妻别姓制做了修改，规定夫妻必须同姓。那时，还是女性不能接受教育的时代。1945年，战后修订的民法依然规定夫妻同姓（见司法部网站），制度沿用至今。

　　纵观日本历史，只因为"夫妻同姓"存在了100多年，就应该永远沿用下去吗？2013年，日本男性和女性的高中升学率均达到了96%，男性大学升学率为54.0%，女性为45.6%。若加上女子短期大学的升学率，在大学升学率上女性与男性势均力敌，达到了55.2%。

　　此外，2013年的日本大学毕业生就业率，女性为73.4%，远远高于男性的62.3%。如此现状之下，依然有90%的女性在申请结婚时，必须改用夫姓。越来越多的女性对此心生不满也不足为奇。

　　多年来，夫妻同姓制一直饱受质疑，但国家并没有将其作为讨论的议题推进。2011年2月，日本一个由普通市民及律师组成的团体认为，《民法典》中夫妻同姓的规定违反了《宪法》及《消除对妇女一切形式歧视公约》，提起了诉讼。

原告认为，为保障每对夫妻保留其姓氏及婚姻自由的权利，必须修改《民法典》第 750 条。他们提出，有必要制定每对夫妻有姓氏选择权的制度，并指责了国家的不作为——以"破坏家庭关系"等不恰当的理由，长期对冠夫姓问题不予解决。此外，他们基于《宪法》中尊重个人、追求幸福权（第 13 条），家庭生活中的个人尊严和两性平等（第 24 条）等理念，以及联合国根据《消除对妇女一切形式歧视公约》提出的建议，向国家索赔。

虽然东京地方法院驳回了原告的诉讼，但夫妻别姓运动并没有停止。2015 年 11 月 4 日，日本最高法院进行口头辩论。这是最高法院首次对《民法典》第 750 条"不允许已婚夫妻别姓"和第 733 条"妇女禁止再婚期限（目前为 6 个月）"的规定做出宪法判断，极大地提高了人们对实现夫妻别姓的期望。然而，尽管最高法院 12 月 16 日批准了对再婚期限的修改，但 15 名法官中只有 5 名判定夫妻别姓违宪。

夫妻别姓诉讼秘书长、前文提到过的打越咲良律师认为："姓和名不可分离。我本人也是一直用'打越咲良'的名字，建立自己的人际关系。在日本，人们通常称呼对方的姓，因此，'姓'的身份感极强。结婚时更改姓氏的做法，会导致不认同者产生人格否定，对自身存在产生怀疑。婚后，90% 的女性被冠以夫姓，这是扭曲的男权主导社会的表现。这种性别不平等现象不消除，女性歧视就不会消失。女性将永远处于从属地位。"

根据2015年11月《朝日新闻》报社开展的全国民意调查（电话调查）结果，对"夫妻可自由选择同姓或别姓"的法律修正案持"赞同"意见的人占52%，明显高于持"反对"意见的34%。按不同年龄层划分，20～59岁的受访者中，约60%的人表示赞成；60～69岁的受访者中，赞成者占47%；70～79岁的受访者中，赞成者占34%。随着年龄的增长，赞成者的比例降低。同年，《每日新闻》报社的同主题调查结果显示，赞成夫妻别姓的受访者占51%，反对者占比略有升高，为36%。赞成者中，23%的人认为夫妻应有自由选择不同姓氏的权利。另外，《产经新闻》和富士新闻网同年12月开展的联合民意调查结果也显示，赞成夫妻别姓的受访者占51.4%，超过半数，反对者比例上升，占42.3%。

尽管国民观念已发生了很大的变化，但除了现行法律的限制之外，风俗习惯和个人价值观也是阻碍实现夫妻别姓的因素。夫妻同姓制是引发日本夫妻间冲突的主要原因之一，这是不争的事实。

不被诅咒"去死"的唯一方法

如前文所述，众多的社会问题也是导致妻子希望丈夫去死的原因。每一对夫妻，无论丈夫还是妻子，都承担着必须面对这些社会问题的极大压力。那么，作为丈夫，想要改变这种状况，能做些什么呢？

位于福冈市的"全国亭主关白协会"的种种努力似乎给了我们一些暗示。

很多一听到本书的书名，就表示深有同感的女性，在听到这个协会名字的瞬间，会在心中惊呼："还有这样的协会?!""全国亭主关白协会"成立于1999年，据协会的会员说，妻子是家中的皇帝，"关白"是地位居于皇帝之下的人，因此"关白"要做的就是辅佐妻子。"亭主"是端茶倒水之人，是伺候人的角色。"亭主关白"真正的含义是溺爱妻子、辅佐妻子。协会的会规训示会员："亭主"是修行僧，但无论如何修行，都无法超越妻子，因为心爱的妻子永远居于神坛之上。

针对妻子希望丈夫去死的情况，该协会主席天野周一干脆地说："处境最危险的是退休以后的丈夫。妻子长年累月的忍耐在丈夫退休后到达极限，于是选择'银发离婚'。这种时候，丈夫通常手忙脚乱，做什么都没有用。"

天野主席认为，丈夫每一天都要雷打不动地遵循铁定的"三原则"。

爱的三原则：

毫不犹豫地说"谢谢"

毫不恐惧地说"对不起"

毫不羞涩地说"我爱你"

不赢三原则:

不赢

不能赢

不想赢

(不争者真勇士也,"与妻无争"才是胜利者的姿态。)

"从现在开始,丈夫必须闭嘴。丈夫不做出改变,妻子的恨意就永远不会改变。在家里,妻子百分之百正确。反驳妻子只不过是无谓的抵抗。"天野主席强调说。

据天野主席介绍,只要坚持以上"三原则",就一定能阻止夫妻关系继续恶化。只要丈夫开口说"谢谢",夫妻关系就会慢慢好转。

天野主席还说,"下决心改变自己"的觉悟最为重要。尤其是丈夫退休以后,起码要自己做午饭。如果连妻子专属的午餐时间也霸占的话,那妻子肯定想杀死丈夫。

"三原则"是从 2.5 万名会员的个人经历中总结出来的。为了求生,一定要好好坚持"三原则",否则,可能真的会被妻子杀死。

婚姻到底是什么？

发出"婚姻到底是什么"这一灵魂拷问的是协会中的一名会员。这名会员的妻子每天都站在家门口目送他上班，他出门后沿着小巷向前，走到拐角处右转。有一天，他在向右转之前故意摔倒，没想到，妻子只是站在原地一动不动地看着，并没有马上朝他跑来。他猜测妻子的想法应该是：马上跑过去的话，丈夫就会被救活了……

天野主席根据自己所接触的个案，推测大约有 50% 的妻子希望丈夫去死。其中，20% 的妻子真切地希望丈夫"赶紧死了算了"。据说，这些妻子看人寿保险条款的时间多于看书的时间。就算在与生死无关的日常生活中，"妻子厌恶丈夫的实际程度，是丈夫感觉到的 5 倍"。

那么，被厌恶、被诅咒去死的丈夫有什么样的特征呢？协会对"亭主关白"的级别进行了排列。天野主席说，如果丈夫能够按照"平成新亭主关白之路"不断晋级，就有可能保命。

平成新亭主关白之路：段位认定标准

初段　结婚三年依然爱妻之人

二段　善于帮忙做家务之人

三段　没有劈过腿或劈腿了但没被发现之人

四段	能做到"女士优先"之人
五段	能与爱妻手拉手散步之人
六段	能认真听爱妻说话之人
七段	一个晚上就能解决婆媳矛盾之人
八段	能毫不犹豫地说"谢谢"之人
九段	能毫不恐惧地说"对不起"之人
十段	能毫不羞涩地说"我爱你"之人

资料来源：全国亭主关白协会网页

面对糟糕的夫妻关系，天野主席认为："与其操心国家大事，不如提高一下自己在家里的活命率。妻子残酷无情、心生杀意的原因在丈夫自己身上。在家庭内部，妻子不断进化，丈夫却止步不前。做丈夫的总是按照社会标准，高高在上地俯视家庭，殊不知，家庭成员的实际排位是妻子第一、孩子第二、宠物第三。如果丈夫能意识到自己排在第四位、处于最底层的话，也许就能端正自己对待家庭的态度了。"

现在，在我脑中徘徊不去的疑问是："婚姻到底是什么？"

天野主席回答说："婚姻是老天的恶作剧。老天把两个不适合的人绑在了一起。只有结了婚，才能了解人性、了解自己。婚姻将人分成了两类，一类是被婚姻摧毁的人，另一类是因婚姻而变得胸怀宽广的人。"

另外，关于夫妻别姓，天野主席认为无法对夫妻同姓或别姓做出清晰的好坏之分。不过，"明显的错误，是婚后丈夫将从夫姓的妻子视为私有物。很多人的潜意识里都有这样的想法。谈恋爱时卿卿我我，一旦用了相同的姓氏就反目成仇，夫妻同姓制中含有丈夫将妻子视为私有财产的一面"。

天野主席接着说："订婚戒指是世界上最小的手铐。如果夫妻俩能意识到枕边人也是'陌生人'，就会更容易倾听彼此。只有那些真正懂得婚姻意义的人，才能获得家庭幸福。聪慧的妻子心满意足了，也会心存感激、开口道谢。家庭是人类社会的最小单位，家不安宁则国不长久。"

和睦的夫妻关系是幸福家庭的基础，影响夫妻关系的社会原因必须得以解决。全国亭主关白协会的目标，是从磨炼自己做起，精进不休。

后记

到底何谓夫妻、何谓婚姻？

这是一个无论何时何地都始终存在的问题。我百思不得其解。

曾经相亲相爱、信誓旦旦地步入婚姻殿堂的两个人，到头来为何恨不得对方"去死"？

就日本而言，妻子希望丈夫去死的原因，深植于人们在面对家庭琐事、育儿烦恼时，呈现出的刻板性别角色观念中，而导致这种性别角色观念产生的一大因素是男女就业差异。这与夫妻同姓问题也密不可分。

有些读者可能会惊讶地发现，在本书探讨男女社会性差异的段落中，频繁地出现了大量我平时会尽量回避的措辞。其原因，一是我采用了忠实记录受访者原话的写作方式；二是在今天，性别角色观念仍然让女性在日常生活中遭受着极大的痛苦，这些措辞恰恰是她们苦痛的证据。

例如，我的同龄人（1975 年出生）的父母属于团块世代，那一代的女性即使不愿意，也必须结婚离职、改用夫姓。这些在当时，都是理所当然的。而且，她们婚后不得不在经济上依赖丈夫。就算是自愿成为全职主妇的女性，也常常因为做家务和抚养子女的劳动得不到认可而苦闷。在那个时代，人们对离婚还存有严重的偏见。

女性一旦因生育离职后，便很难再就业。抚养一个孩子长大需要支付大笔学费。据文部科学省统计，一个孩子从幼儿园到大学，如果所读学校均为国立和公立学校，所需的学费约为769万日元；若小学和中学为公立学校，其他为私立学校，学费约为1 280万日元；如果一路就读的都是私立学校，学费约为2 205万日元。单亲妈妈凭借一己之力，很难把孩子抚养成人。因此，很多女性无法下定决心离婚，只能一忍再忍。与团块世代年轻时的情况相比，现在人们对离婚的偏见少了很多。但出于经济原因无法离婚的状况，即使在三四十年后的今天，也并无太大变化。

《男女雇用机会均等法》已实施了30多年，却依然有大约60%的职业女性在生育第一个孩子后失业，每4位怀孕女性中就有1位遭到"孕妇歧视"。曾经的"结婚离职"被"怀孕解雇"和"育儿假难休"代替。现在，社会只不过是用另一种方式将育儿女性推出了劳动力市场。以非正式员工的身份雇用女性，只要以不续签合同为由，就能简单地将其合法解雇。约半数日本女性得到第一份工作时，是以非正式员工的身份入职。目前，日本职业女性中，非正式员工的比例高达60%，而这一情况仍在日益恶化。

即使是正式员工，在以"长时间工作"为前提的职场环境中，仍有很多女性由于不能兼顾工作和家庭而备受责难，最终被迫辞职。职业女性在外拼搏事业，回到家后，还必须承担育儿和家务，压力极大。休育儿假、调换短时间工作制提早下班接孩子、在孩子突然生病时请假的，大多是女性。为此，女性在职场中被贴上了"无法胜任工作""靠不住"的标签。"缺工即扣钱"的规定导致女性加薪困难。从世界范围看，日本育儿男女的工资差距极大。

经济合作与发展组织将因生育造成的工资差距称为"对母亲的惩罚"。2010 年对 16 个组织成员国的调查显示，在怀孕、适育（25～44 岁）的职业女性中，与无子女的女性相比，有 16 岁以下子女的女性与男性的工资差距更为显著，平均相差 14%，而在日本则高达 61%。女性一旦成为单亲妈妈，就会瞬间跌入贫穷的深渊。

即使有一份不错的工作，很多女性也因工作环境恶劣不得不辞职。五分之一的公立学校老师每月加班超过 100 个小时（2012年，日本教育工会）；由于夜班频繁及工作人员不足，80% 的护士有辞职的打算（日本医疗工会联合会）；托儿所的私营化导致教师被迫低工资长时间工作。2013 年，公立托儿所教师的离职率为7.1%，私营托儿所教师的离职率为 12%，并在不到两年的时间内上升至 17.9%（厚生劳动省）。养老院等照护机构护理人员的离职率也很高，为 17.7%（护理劳动稳定中心）。

长期以来，很多女性对这些"女性更具发展优势"的职业心怀向往，往往通过努力学习考取了职业资格。这让她们的离职更令人遗憾。

无论何时何地，女性寻求经济独立都困难重重。

因此，当已婚女性打算放弃婚姻时，首先想到的不是离婚，而是"美妙的制度"——遗族年金制度。我在本书正文中并未提到，警察和消防员遇难后，遗孀得到的抚恤金额极大，感叹"真希望我丈夫因公殉职"的妻子比比皆是。警察和消防员因公殉职后，家属能得到最低 3 000 万、最高 6 000 万日元的抚恤金。因此，警察和消防员在相亲大会上颇受欢迎。有一些相亲会甚至限定男方必须是警察或消防员。

平等的夫妻关系难道不比盼着丈夫死亡的夫妻关系更好吗？今天日本的就业目标，难道不是无论性别、无论正式或非正式员工，实现同工同酬，达到平均年收入 400 万日元（单亲父母也有能力将孩子抚养成人的收入标准）吗？双薪家庭模式日趋核心化，可育儿制度依然薄弱，如此自然无法确保夫妻生活的安宁与幸福。

2016 年 4 月（当时我还未写完本书），托儿所当年的入托考试结果公布后，一篇题为《孩子入托落榜，日本去死 !!!》的匿名博客文章引起了巨大反响，以至于政府不得不将其纳入国会议题。

这里，隐藏着等待入托的孩子们的身影，也是女性就业问题的症结所在。虽然托儿所为双薪家庭设立，但出现在托儿所的大多是妈妈。日本25～34岁的育龄女性中，非正式员工的比例高达40%。2014年日本实际休育儿假的人数（初次领取育儿假补助金的人数）为274 935人，其中非正式员工仅9 231人。也就是说，非正式员工仅占休育儿假总人数的约3%，很多女性并不能享受应得的休假。从孩子出生，女性就有着极大的育儿需求。可是，日本1～2岁幼儿入托比例约40%，1岁以下幼儿入托比例仅为10%。如此现状下，许多本应提供更多入托机会的地方政府却一致认为："既然未满1岁的幼儿父母可享受育儿假制度，那么，托儿所只接收1～2岁的幼儿，不再收1岁以下的幼儿。"实际上，他们不愿扩招的真实原因，是照顾1岁以下的幼儿需要支出更多的费用。

此外，就业保险基础上的育儿假制度并不适用于个体经营者。然而，个体营业者照顾1岁以下幼儿也需要花费极多时间精力。根据《就业结构基础调查》（2012年），日本女性个体经营者有462 500人，女性家族企业经营者有225 100人。也就是说，几乎有70万女性被排除在了育儿假制度之外。政府认为个体经营者在工作时间上具有灵活性，但实际上，由于没有替代自己工作的人手，很多个体经营者的育儿需求更甚于公司职员。工作实情与育儿政策不符、1岁以下幼儿入托困难，这些都导致越来越多的女性被剥夺了就业机会。而这些女性愤怒的矛头，最终都指向的是她们的丈夫。

无论是正式还是非正式员工，所有人都享有生育前后的休假权利，育儿假制度本应如此。现在，非正式员工只能在一定条件下取得育儿假，导致了因雇用形式不同而产生的哺乳期育儿权差异。另外，男性休育儿假的比例极低。这不仅剥夺了男性抚养子女的权利，也剥夺了子女受到父亲抚养的权利。若不从这里入手进行大刀阔斧的改革，企业及整个社会的观念就不会发生任何改变。

其实，男性的观念已发生了巨大的变化。越来越多的男性希望与妻子愉快地共度宝贵时光，一起分担家务和育儿工作。但是，严酷的职场环境削减了男性做家务和育儿的时间，引发了妻子诅咒丈夫去死的不幸开端。让妻子满足、让夫妻关系稳定的首要任务，是改变职场中的观念，创造一个对男女都友善的工作环境。

还是回到最初的问题吧。

都说"远在天涯海角犹如近在咫尺，这就是男女关系"，可到底何谓夫妻？只因为在冥冥之中被月老红线一牵，便姻缘缔结？第三章中的美容师叶子给我留下了极为深刻的印象。虽然她口口声声诅咒丈夫去死，却还是说："也许，我让他'工作到咽气'，其实是我想到死都和他在一起吧。"这句话似乎在暗示着什么。

希望今后我能够继续探寻这个问题的答案。

感谢朝日新书编辑部的星野新一先生，感谢星野先生将终生沦为丈夫附属物的妻子们的愤慨，变为了公众的愤慨。

小林美希

2016 年 3 月